JN418070

내 땅에서 내 농사를

내 땅에서 내 농사를

-아들이 정리한 아버지의 삶-

초판 1쇄 발행 2007년 11월 9일

지은이 김상조
펴낸이 윤관백
편 집 이수정
표 지 전돈효
펴낸곳 

인 쇄 선경그라픽스
제 본 바다제책

등 록 제5-77호(1998.11.4)
주 소 서울시 마포구 마포동 324-1 곳마루 B/D 1층
전 화 02)718-6252 / 6257 팩스 02)718-6253
E-mail sunin72@chol.com
Homepage www.suninbook.com

정가 · 13,000원
ISBN 978-89-5933-098-0 94900

내 땅에서 내 농사를

- 아들이 정리한 아버지의 삶 -

井井散人

선인
도서출판

내가 아버지의 삶에 관심을 가지고 이를 녹음하고, 글로 옮겨 볼 생각까지 한 것은 정말이지 우연한 계기에서였다. 생각해 보면 내가 처음 아버지께 당신이 살아 온 이야기를 녹음해 보겠다는 말씀을 드렸을 때까지만 해도 별로 뚜렷한 동기나 목적이 있었던 것 같지는 않다. 단순한 호기심에 불과했던 것이 아닐까. 아니 또 하나 이유가 있다. 아버지께서 우리집에 오실 때마다 항상 느끼는 것이지만 아버지를 모시고 나눌 적당한 화젯거리가 없다는 것이다.

아버지께서는 일 년에 한 번씩 우리 집에 오셔서는 한 달 정도씩 계셨는데, 나는 그 한 달 동안 퇴근해서 저녁을 먹고 나면 선뜻 내 할일을 잡지 못하였다. 매일 맨송맨송하게 아버지와 나란히 앉아 텔레비전이나 보다가 아버지께서 잠자리에 드시면 그때

서야 내 일을 찾곤 하였다. 이런 점에서 본다면 일찍 잠자리에 드시는 아버지의 습관은 다행이라고 할 수 있다. 그러나 아버지 옆에 앉아서 텔레비전을 보는 것도 하루 이틀이지 매일 그럴 수는 없는 노릇이었다.

그러니까 아버지의 이야기를 들은 것은 여러 가지 생각 끝에 나온 시간 때우기의 방편이었다. 그러나 아버지의 회고를 듣는 동안 점점 나는 내 자신이 대단히 진지해져 가는 것을 느낄 수 있었다. 그리고 아버지의 삶이야말로 충분히 기록으로 남길 만한 가치가 있다고 나름대로 확신하게 되었다.

아버지께서는 나의 제안을 들으셨을 때 '뭇 헐라고 그런 것을 다 헐라고 허냐'고 하시면서 거절하셨다. 처음에는 이 거절을 단순한 수줍음 때문으로 생각했으나 몇 차례 반복되면서 그것만은 아니라는 것을 알게 되었다. 아버지께서는 당신의 삶이 기록으로 남길 수 있을 만큼 그렇게 가치가 있다고 생각하지 않으셨던 것이다. 난감해졌다. 어떻게 할까 생각하다가 마침내 나는 아버지의 약점을 이용하였다.

'아버지 살아오신 것을 글로 쓰면 혹 돈이 될지 아세요?'

앞으로 자연스럽게 밝혀지겠지만 우리 아버지의 가난과의 싸움은 피눈물 나는 것이었다. 그렇기 때문에 나는 아버지를 설득하는 데는 금전적인 것만큼 효과적인 것이 없을 것으로 생각했던 것이다. 예상했던 대로 아버지는 돈이 될지도 모른다는 말에 쉽게 걸려들었다. 그러나 이것이 돈벌이가 되겠는가. 누가 이런 궁상스러운 이야기를 읽어주겠는가 말이다. 다만 마침 그해 여름에 우리 집에 놀러 오신 누님이 이 계획에 대하여 내가 생각했던 것 이상으로 재미있어 하였고, 나중에 그 소식을 들은 동생이 보여준 뜨거운 관심도 내게는 큰 힘이 되었다. 이미 관심이 지대한 두 명의 독자는 확보한 것 아닌가, 돈이 되는 독자는 아니지만.

여러 번 거절하기도 하셨지만 막상 이야기를 꺼내기 시작하자 아버지는 대단한 열의를 보여주셨다. 녹음은 보통 내가 퇴근해서 저녁을 먹고 좀 쉰 뒤, 그러니까 대략 저녁 8시에서부터 9시까지 진행되었는데, 작업이 어느 정도 진행되자 아침에 내가 잠자리에서 일어나 문안 인사를 드리면 벌써 이야기를 시작하려고 하셨다. 처음에는 '지금 말씀하시지 마시고 저녁 때 말씀하셔요' 하고 아버지의 말문을 막았으나, 차츰 귀를 기울여 들어 두었다. 아무리 총기가 있으시다 하지만 여든이 넘으신 노인네 기억력으로는 전에 들었던 이야기들 중에서 어떤 때는 내가 다시 듣고 싶은 것도 정작 저녁에는 말씀하지 못하시는 것이 가끔 있었기 때문이다. 그런 때 나는 아침에 들었던 것을 상기시켜드렸고 그러면 아버지는 다시 그에 대해서 자세하게 말씀해 주셨다. 그렇긴 하지만 나는 아버지의 총기에 놀라지 않을 수 없었다. 당신 몇 살 때 있었던 일인지는 정확히 기억하지 못하셨지만, 회고하시는 말씀을 듣고 있노라면 녹음해 놓은 것을 다시 듣는 것 같은 느낌까지 받곤 하였다.

이렇게 하여 내가 받은 녹음 분량은 모두 카세트테이프 열 개에 이르렀다. 다음의 기록은 이것을 옮겨 놓은 것이다. 그러나 전부가 다 테이프에만 의존한 것은 아니다. 여기에 이전에 다른 자리에서 할머니나 어머니 기타 아버지의 주변에 계셨던 분들로부터 들었던 이야기들도 조금 더하였다. 말하자면 보조적인 자료들도 활용된 셈이다.

이 글은 사투리 투성이인 아버지의 말씀을 가능한 한 손질을 덜 하고 표준어로 바꾸어 놓은 것이다. 그러나 사투리를 그대로 둔 것도 있다. 이 과정에서 나는 아버지의 구술 내용을 뜯어 고치고 싶은 유혹을 매우 강하게 느꼈다. 그러나 나는 이 강한 유혹을 어렵게 이겨냈다. 따라서 이 내용은 아버지의 녹음 내용 그대로에 약간의 보조 자료가 추가된 것이라 할 수 있다.

마지막으로 사진 자료를 쓸 수 있게 해 준 제주 민속자연사박물관의 김동섭 박사, 교정을 꼼꼼하게 보아 준 김지연 선생님과 도서출판 선인 여러분 그리고 성원을 보내준 많은 분들에게 감사의 마음을 전한다.

井井散人

▌차례▐

아버지

상골에서 살기 전

■ **아버지께서는 어디에서 태어나셨어요?**

반암에서 났다.

■ **할아버지는 원래 모암에서 사셨는데, 아버지는 어떻게 해서 반암에서 태어나시게 되었어요?**

아버지가 제금[1]나면서 반암에 가서 살게 되었어. 그렇지만 제금 처음부터 반암으로 가신 것은 아니고, 처음에는 영광에서 처가살이를 한 햇가 이탠가 하셨어. 그래서 큰아버지는 영광 태생이거든. 영광군 대마면 원흥리 원당이지.

---

1) '분가'(分家). '제금나다'는 '분가하다'.

진외가[2)]는 큰 부자였다면서요?

소문은 그렇게 났지만 실제로는 그렇지도 않았어. 내가 외가에 처음 간 것은 큰아버지 결혼 때였다. 큰아버지는 스무 살에 결혼하셨는데, 그때 가서 보니까 정말이지 집이 좋더라. 집은 부안면으로 말하면 정남평네 집처럼 생겼는데, 아주 잘 지었어, 방은 장판 놓아서 번드르르하고. 기와는 안 올렸어도 고패집으로. 고패집이라고 하는 것은 ㄱ자로 구부러진 집이지. 그것보고 횡겟집[3)]이라고도 한다. 그런데 전부가 도리 기둥으로 지었어. 그래서 '확실히 부자로구나' 하고 생각을 했어. 그런데 집구석이라고 어떻게나 추운지. 아이고 당초 앉아 있을 수가 없어. 방이 삼천 냉골이어.

왜 그렇게 춥게 살았어요?

나무가 있어야지? 아무 것도 없는데. 부자라고 소문만 났던 모양이야. 하기는 그전에는 부리는 사람도 있고, 부자 소리를 듣기는 들은 모양이더라. 영조니 풍기니 하는 종도 있었어. 나도 영조는 봤다. 그 아이들은 판에 박은 종들이야. 문서도 있었으니까.

그런데 외할아버지 때 망했어. 할아버지가 좀 헤프셨단다. 술도 좀 자셨지마는, 그래도 큰 부자는 술 좀 먹는다고 안 망하는 것이다. 남의 빚보증을 서거나 명당 잡는다고 흥청망청하다가 망하는 것이거든. 외할아버지는 명당으로 그랬지. 명당 잡는다고 지관들을 데리고 다니면서……. 그적에 외갓집 사랑에는 지관들이 살다시피 했어. 그 사람들 데리고 '땅 보러 다니네', '이장하네' 하면서 그렇게 되어 버렸어. 그래서 일하던 사람들도 외할아버지 살아 계실 때 다 부실

---

2) 아버지의 외가.
3) 행각(行閣)집(?). '행각'은 궁궐·사찰 등의 정당(正堂) 앞이나 좌우로 지은 장랑(長廊). 상방(箱房)을 말한다.

부실 흩어져버렸다.

그런 중에 집을 우람하게 짓기 시작했어. 그전부터 멍은 들었지만, 끝내는 집 짓다 망했어. 옛날부터 '집 지으려면 집만큼 돈이 든다'는 말이 안 있냐? 시작은 했는데 원체 돈이 없으니까 왜놈들한테 빚을 얻어다 썼지. 그때에도 벌써 일본 사람들이 그런 촌구석에까지 돈놀이를 했던 모양이더라. 장보[4]라고 그 사람도 대마면 원흥리에 살았어. 그런 곳까지도 일본인들이 많이 들어와 살고 있었어. 그 돈을 빌렸지. 그때 우리 한국 사람들 중에는 빚 놀 수 있는 사람이 없었어. 그런데 왜놈들한테서 빚을 얻으려고 하면 그냥 주냐? 전부 논 잡히고 얻었지. 그때 나락 한 섬에 4원도 하고 6원도 했어. 4원하던 것이 시방도 기억이 나.

그런데 그해 흉년이 들어버렸어. 얻어 쓰기는 했지만 어떻게든 갚을 수가 있어야지. 논 잡히고 얻었으니까 결국 논 72마지기를 다 떠 넘겼지. 그적에 영광에서는 한 마지기에 200평이 아니라 300평이었어. 250평, 200평도 좀 있었지만. 그 논 참 좋았다. 물도 한 수통(水筩)으로 다 대고. 그것이 아무 것도 없이 날아가 버렸어. 그렇게 되니까 옛날에는 우리 논이었던 것을 이제는 일본 사람한테서 소작을 짓네. 그러니 집만 컸지 따뜻하게 불 때고 살 나무가 있냐? 그렇게 되어버렸어. 그래도 먹고 사는 것은 걱정이 없었어. 그때 초동할아버지가 면사무소에 다녔는데 월급을 30원씩 받았다고 하더라.

그런 데서 아버지가 처가살이를 하신 것이지. 그러다가 하다하다 안 되니까 다시 장성으로 가셨다가 반암으로 가셨단다.

왜 하필이면 반암으로 가셨어요?

그것은 말씀을 잘 안 하시니까 자세히는 못 들었어도, 어머니가

4) 당시 영광에 살던 일본인 이름인데 한자로 어떻게 쓰는지 모르겠다.

큰어머니한테서 시집살이를 많이 당하셨단다. 그래서 가셨단다.

■ **그러니까 동서 시집살이를요?**

'암, 동서 시집살이지. 우리 큰어머니가 며느리들을 잘 쫓아 보내셨다. 그것은 친정에 가서 뭐라도 좀 타 오라 그것인데 강골 아짐[5]도 여러 번 쫓아 보냈다. 강골 아짐도 뭐 타온 것이 없었거든. 또 도산 아짐도 쫓아보냈지. 그래서인지 도산 형은 재규한테서 논도 다섯 마지기 탔다. 재규하고 도산 형하고는 남매간이다. 남매간이라도 재규는 전처 소생이다. 그러니까 어떻든지 재규가 처남한테 논 다섯 마지기를 주었다는 것은 큰 맘 먹은 것이지. 논은 부리실재라고 방장산 넘어가다 보면 왼쪽으로. 다랑다랑한[6] 데다. 워낙 죽을 지경이 되니까 재규한테 사정을 했을 테지. 그것도 도산 형은 죽으면 그냥 죽었지 사정할 그릇이 못되고, 종수(從嫂)가 사정했을 것이다. 그

---

5) 댁호(宅號)다. 댁호는 결혼한 사람의 호칭으로 친정 마을(남자에게는 처가 마을이 된다) 이름 뒤에 '댁'(남자에게는 '양반')을 붙인다. 그러나 꼭 친정(처가) 마을 이름만 붙이는 것은 아니었다. 구별하여 부르기 위한 호칭이었기 때문에 다른 마을에서 이사를 온 사람들에게는 살다 온 마을 이름을 붙여서 쓰기도 했다. 예를 들어 서울에서 살다 온 사람은 서울 댁, 서울 양반이라고 하였다. 또 옛날 진산 군수를 역임한 사람에게 '진산 영감', 초산 군수를 역임한 사람에게 '초산 영감'이라고 하는 것이나 시골 사람들이 '진사 영감댁', '초시댁'이라고 부른 것도 댁호라고 할 것이다.
'아짐'은 표준어로 말하면 '아주머니'라는 말인데, 여기에서는 '형수'의 의미이다. 형수를 이렇게 부르는 것이 촌수에 맞지 않는 것 같으나 옛날에는 집안 식구 사이에도 내외 구분을 엄격히 하기 위하여 같은 항렬인데도 남편의 형제에게는 한 단계 위 항렬의 호칭을 사용했다. 남편의 형제를 '시아주버니'(시숙)라고 하는 것도 바로 이런 이유에서다. 할머니는 사람들이 형수를 '형수(씨, 님)' 등으로 부르면 '쌍것들 짓'이라고 개탄하시면서 '아짐'이라고 불러야 한다고 하셨다.

6) '다랑'이란 말은 표준어에서는 '다랑논'(다랑이로 된 논), '다랑이'(썩 좁고 층층으로 된 논) 등의 명사에만 사용되는데, 우리 고향에서는 형용사로 '다랑다랑하다'는 말을 쓰기도 한다.

래서 도산 형이 인사하느라고, 어디서 났는지는 모르겠다마는 비단 옷감 몇 벌인가를 좋게 싸서 나보고 갖다 주라고 하더라. 나는 그런 심부름은 많이 했다. 그 비단은 종수가 갖고 온 혼수는 아닐 것이고 형이 어떻게 구한 것인가는 모르겠다마는 돈 주고 사지는 안 했을 것이다. 돈이 있어야 사지.

그런데 큰어머니가 어머니한테도 그랬어. 그래서 어머니도 영광으로 여러 번 쫓겨 가셨어. 친정이 부자라면서, 뭐 좀 타 오라 그것이지. 거기다가 정씨는 양반이고 상산 김씨는 별것이 없거든. 그러니까 구박도 하고.[7] 또 아버지가 나도 못 보았다마는 회진 할아버지라고 그 양반한테 양자를 들었어. 그러니까 족보로는 멀리 되어버렸어. 그냥저냥 해서 좀 심하게 했는가 보더라. 그래서 몇 차례나 친정으로 가셨는데, 그것이 하다하다 못해서 가는 것이지, 가 봤자 가져올 것이 있냐?

그적에는 그러니까 어머니가 새각시 시절인데, 문수재를 넘어서 영광을 가려면 겁나게 먼 길이다. 문수재라고 그것이 고창에서 영광으로 가는 잰데, 사리재보다도 훨씬 어려운 길이다. 그리 어디로 해서 영광군 대마면을 가. 그때는 동학군이 일어나서 난리가 나던 땐가 보더라. 그러니 새파란 새각시가 함부로 먼 길을 갈 수도 없어. 그래서 숯덩이를 깨뜨려서 얼굴에다 칠하고 가기도 했다고 그러시더라. 왜 그러냐고 했더니, '아 동학군이나 왜놈들한테 걸리면 어찌

7) 내가 어렸을 때 진외가 아버지 외사촌들이 오면 그분들의 '양반 콤플렉스'가 여과 없이 쏟아져 나오는 것을 들을 수 있었다. "울산 김씨가 양반? 저 갯바닥 동네로 가보소. '작동댁', '아치실 댁', '중평댁'이 쌔고 쌔았네. 옛날부터 양반이란 게 '어려서는 외가 것 먹고, 커서는 처가 것 먹고, 늙어서는 사둔 것 먹는다'는 말이 안 있는가. 양반 벨 것도 아니네." 사실 그때 큰아버지나 아버지가 그분들 앞에서 양반 행세를 하지는 않았다. 할머니 친정붙이 앞에서 어떻게 양반의 위세를 부릴 수가 있겠는가. 오직 그분들의 콤플렉스가 분출된 것이었다. 그러니 친정 가문을 들먹여 손아래 동서에게 군림하는 것은 당시로 보아서는 별로 이상한 것도 아니었을 것이다.

겄냐?'고 하시더라.

그적에는 그러니까 왜놈들이 동학군 잡으러 많이들 돌아다녔다고 하더라. 왜놈들 그놈들은 헌병댄데, 그놈들이 여자들을 잡아가고 그랬단다. 잡아 가면 그것으로 그만이지, 어떻게 해 볼 수가 없어. 그때 어머니는 새각신데 어떻게 할 것이냐. 그러니까 숯을 깨서 얼굴에다 바르고 머리도 다 풀어 헤치고 가. 그러다가 사람을 만나면 '시방 친정에 누가 죽어서 가는 길'이라고 하고, 그렇게 해서 가셨다고 그래. 그런데 가도 별 수가 없어. 달라고 할 수가 없단 말이야. 달라고 할 것이 무엇이 있어야지. 형편을 뻔히 아는데. 그러니까 아버지가 그래도 내외간이라 암만 해도 그게 보기 싫었던가 보더라. 그래서 반암으로 가셨단다.

그때 할머니는 못 가게 하셨다고 하더라. 그런데 그 양반이 며느리한테 아무 말을 못해. 아무 권한이 없는 양반이었어. 큰아버지도 그렇고. 큰어머니가 시커먼 것도 희다고 하면 그렇다고 한 양반들이야. 그러니 할머니가 못 가게 하셨다고 하더라마는 힘이 있어야지. 큰어머니가 거 괴상한 이다. 체격도 크고.

당신 친정어머니까지도 구박을 하셨더라면서요?

그랬다. 그 양반이 곡성댁인데, 나도 봤다. 큰아버지는 그러니까 그 양반 사윈데, 사위는 아무렇지도 않았어. 딸이 그랬지.[8] 그래도

---

8) 이 '곡성댁'이라는 분에 대해서는 나도 할머니에게 동정 가득한 말씀을 들은 기억이 있다. 그것을 간단히 요약해 보면 큰할머니는 '곡성댁'의 무남독녀였다. 그래서 딸네 집에서 만년을 보내셨는데, 뒷방에서 딸로부터 구박을 좀 받다가 돌아가셨다고 한다. 할머니는 여기에 덧붙여 이런 말씀도 하셨다. '그리서 사람은 아들이 있어야 허는 것이다. 아들이 있었으면 그런 욕을 당힀겄냐?' 그래서 '참 할머니도. 당신 배 아프면서 낳은 딸도 구박을 하는데 며느리라고 구박 안 하겠어요?' 하고 물었다. 이에 대하여 할머니는 '그리도 아들이 있으면 글 않는 것이다. 또 설령 그리도 아들이 있으면

여장부야. 그러니까 우리 큰집 살림은 그 양반이 다 꾸려 나갔어. 큰집이 부자라고 소문은 났어도 실은 아무 것도 없었거든. 그래서 그렇게 독하게 해서 집안 체면을 지킨 폭이지. 식구들한테는 그렇게 했어도 바깥에는 인심을 안 잃었다. 호젯 사람[9]들한테는 오히려 인심 좋다는 말을 들었어.

그래서 피난 간다고 핑계대면서 반암으로 가셨던 것이지. 반암에 별스런 연줄은 없었어. 그래도 우리 일가가 여러 집 살았거든. 그래서 그런 소리는 들으셨을 테지. 그 사람들과는 내교가 있었는지는 모르겠다마는 별 것 없었어. 한두 번 가보셨는지는 모르겠다마는. 반암 울김들이 무슨 파더라? 어떻든 우리 각재파는 아니고. 그러니까 뭐 별로 특별한 내교가 있었겠냐?

반암에서 살던 집은 기억나세요?

기억하다마다. 환하지. 명색이 4간 집인데 훤하니 울타리 하나도 없어. 꼭 발가벗은 말 같이 생겼어. 재를 넘어가면 삐딱하게 우리 집이 제일 먼저 보여. 그렇게 생긴 집에서 살았어.

왜 하필이면 그렇게 좁은 산골짜기로 들어가셨어요?

반암이 좋은 동네다. 반암을 들어가려면 어디서든지 고개를 넘어가야 하는데, 동네가 바로 앞에 있어도 고개를 넘을 때까지는 사방 아무 데서도 안 보여. 피난처로 알아주던 데다.

덜 슬픈 것이다' 하셨다.

9) '호저(戶底) 사람'. 양반가의 집 주변에서 경제적으로 독립을 하지 못하고 양반가에 매여서 살아가는 사람들로 '협호'(挾戶)라고도 한다.

반암에서는 어떻게 사셨어요?

다소간 갖고 간 것 그것 갖고 일 년이나 사셨는가. 하여간 제금날 때 논 다섯 마지기[10]를 탔는데, 그 논은 이사 와서 바로 안 팔고 몇 해 살다가 팔았다고 하더라. 다섯 마지기라고 한다면 그 당시로 보아서는 그리 적게 받은 것도 아니다. 그런데 아버지가 일을 못하시지 않냐. 그래서 전리(錢利)나 해서 먹고 산다고 하면서 그 논을 팔아버렸어. 큰집에서는 못 팔게 했지만, 끝내 팔기로 하니까 그 논을 큰집에서 샀어. 그래 가지고 그중에 일부로는 밭을 사고 나머지는 몇 사람에게 빌려주었지. 반암 사람한테도 주고, 대섬(竹島), 거기는 봉암 구역 아니냐, 그 섬중에 사는 사람들한테까지 주었어. 그래서 반암 사람들은 '아, 이 사람이 괜찮게 사는 사람인 것 같다'고 했단다. 실상은 아무 것도 없는 양반인 줄 모르고. 그리고는 아버지는 시조(時調)나 하고 다니셨단다. 그러다가 다 떼여버렸다. 나중에 내가 형님하고 같이 (문서를) 다 불 질러버렸다. '이거 다 씰디 없는 것 아니요' 하면서. 지금 생각해 보면…….

---

10) 땅의 넓이를 말하는 것으로 작은것부터 '되지기', '마지기', '섬지기'가 있다. 되지기는 원래 '씨앗으로 벼 한 되를 쓸 만큼의 땅'에서 나온 것을 말한다. '마지기'는 한 말이 필요한 땅이다. 그보다 큰 것으로 '섬지기'가 있다. 한 섬지기는 20마지기를 말한다. 20마지기의 농사를 짓기 위해서 볍씨가 한 섬 필요한 면적이다. 그러나 못자리를 만들 때 한 마지기에 필요한 볍씨로 한 말까지는 필요가 없다. 이에 대하여 아버지는 옛날에는 실제로 한 섬을 담궜다고 하셨다. '뭣 헐라고 그렇게 배게 뿌렸는지 몰라. 못자리판에 나락이 포개지다시피 허게 뿌렸응게. 그렁게 모도 벨로 크도 못허고, 남고 그랬거든. 그러고 남으면 그 자리에서 커. 그놈으로 오리쌀(찐쌀) 만들어 먹기도 했어. 모를 다 찐(모내기를 하기 위하여 못자리에서 모를 뽑는 것) 연후에 그 자리에 심기가 복잡해서 그랬는가. 못자리판 모 심기가 여간 복잡한 일이 아니거든' 그러나 이것은 아버지가 잘못 아신 것이다. 직파를 하던 시절에는 각각 한 되, 한 말, 한 섬의 씨앗이 소용되는 면적이었다. 이앙법이 보급되면서 아무리 배게 뿌려도 한 섬지기의 농사에 볍씨가 한 섬씩이나 필요로 하지는 않게 된 것이다.

그것 말고도 반암에서는 소작을 지었어. 오던 바로 그해 그랬다든가 그러지 아마. 어떻게 했는지는 모르겠다만 아버지가 가평 아저씨한테 논을 대번에 한 섬지기를 빌렸단다. 반암은 논이 없거든. 그러니까 마명 앞에다가, 그 논은 다 삼양사 논인데 소작이지. 가평 아저씨라고 하는 이는 반암 사는 길중씨다. 그 양반한테서 얻었어. 길중씨가 삼양사 사음이었으니까.

그리고 장정 머슴 둘을 들이고 농사를 지었어. 그런데 농사를 짓는다고 지었어도 한 톨도 못 건졌어. 완전히 실농을 했어. 탈탈 손을 털어버린 것이지. 처음으로 살림 붙인 양반이 장정 머슴을 둘이나 들였으니 될 것이냐. 또 마명 앞에 있는 논은 다 천수답이다. 거기다가 그해는 우환 중에 가물기까지 했단다. 그래서 그랬어. 어떻든 우리가 상골로 이사하기 전까지 농사지어서 나락 한 섬 집으로 가져온 것 못 봤다.

그래도 그때까지는 논을 팔아서 산 밭은 남아 있었단다. 우삼봉 밭이 다섯 마지기, 고수면 밭이 여섯 마지기. 그때 우리는 빚을 얻어서 사는 판이었어. 빚은 쉽게 얻었다고 하더라. 빚을 좀 달라고 하면 재산이 있는 줄 알고 잘 주었다고 그래. 그런데 얻어 쓰기는 했는데 갚을 수가 있어야지. 결국에는 밭을 잡혔지.

거기다가 집행도 한 번 당했다. 신학성이라고 사천 신간데, 반암에 살았어. 그 사람이 산업조합에서 빚을 얻는데 아버지가 보증을 서주었던가 보더라. 그때는 산업조합이라는 것이 있어서, 종이 뜨고 뭐 하고 하면 다 산업조합에서 가져갔어. 용산동으로 탑정으로 마명으로 종이 뜨고 그랬거든. 그것을 다 그랬어. 그런데 신학성이 일찌감치 죽어버렸네. 그렇게 되고 보니까 받을 수가 없어. 그러면 보증 선 사람한테서 받는 것 아니냐. 그래서 집행을 붙였어.

붙일 만한 것이 있었어요?

그래도 붙였어. 내가 붙이는 것은 직접 못 봤다마는 집에 들어와서 보니까 솥단지에다가도 붙이고…… 솥단지는 뚜겅을 잘 덮어놓고 붙여 놓았어. 그러니까 밥도 못 해먹게 했지. 그리고 집구석에도 붙이고, 농에다가도 붙이고. 그런데 어머니가 솥을 열고는 빨래를 삶더라. 솥에다 빨래를 가득 넣고 삶는데, 물이 넘쳐서 집행 붙인 딱지가 다 찢어져버렸네. 한쪽으로 잘 열어서 한다고 한 것인데. 내가 놀래서 '아이고 어찔라고 그러요?' 하고 물었더니 어머니가 '이리 죽으나 저리 죽으나 죽는 것인디 상관있냐'고 하시더라. 그적에 아버지는 안 계셨다.

그러고도 남은 것은 나중에 갚았는지 안 갚았는지는 나도 모르겠다. 그리고는 그나마 있던 살림살이가 아무 것도 없이 되어버렸다. 그리고 나서부터 아버지는 이 일 저 일 많이 하셨다. 일도 기운 있어야 하는 것은 못하시니까 품도 못 팔고. 그때는 품 팔 데도 별로 없었다마는. 당신 손으로 배틀도 장만하고, 종이 장사…… 상 고치는 일 하신다고 궤짝 짊어지고 나가시는 것도 봤다. 우리집에 연장이 많이 있었다. 다 당신이 손수 만들었어. 먹통도 좋게 만들고. 그래 가지고 목수 일도 하시고 미투리, 짚신도 삼고.

미투리와 짚신은 어떻게 달라요?

짚신은 바닥이 네 날인데 미투리는 여섯 날이거든. 그리고 미투리는 마 그러니까 삼으로 삼어. 우선 날을 삼으로 꼬아서 쇠기름을 번들번들하게 먹여. 그리고는 바닥을 삼아. 바닥을 막 삼아 놓으면 뻣뻣하거든. 그것을 삼을 때는 바짝 조이는데 어떻게나 조여대는지 구부리려고 해도 안 구부러져. 그것을 방망이로 다듬이 돌에다 놓고 나긋나긋할 때까지 막 두들겨. 옆으로 세워놓고도 두드리고. 삼

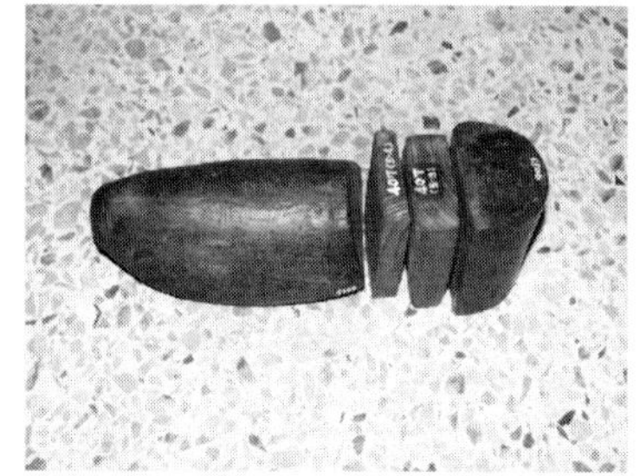

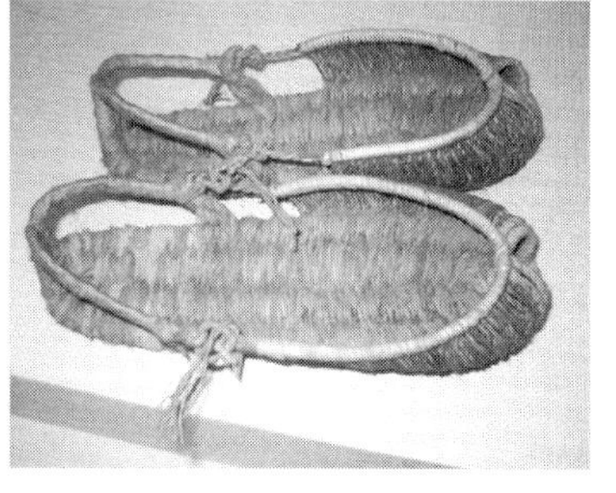

을 때는 신틀이라는 것이 있거든. 거기에다 걸어놓고 삼는다. 신틀 놓고 옆에다 잘 다듬은 짚을 놓고 하나씩 빼서 삼아. 짚새기는 발가락에다 걸고 잡아당기면서 삼는데, 그렇게 삼는 것을 발가락에다 걸고 어떻게 하겠냐? 하기야 짚새기도 많이 삼는 사람은 신틀에다 걸고 한다. 그렇게 해놓고 신총을 매. 짚신을 삼을 때는 바닥을 삼으면서 바닥에서 올라오는 놈으로 신총까지 다 매버리거든. 이쪽에서 매고 저쪽에서 매고.

미투리는 그렇게 안 해. 신총 맬 것을 미리 다 만들어 놓고 그것을 하나씩 넣으면서 매. 신총은 청올치라고, 칡넝쿨 잘 자랐을 때 떠다가 잎은 다 떼어버리고 그놈을 마디마디 자른다. 그러면 긴 것은 한 자 되는 놈도 있고 어떤 것은 한자 더 되는 놈도 있어. 그것을 잘 묶어서 물에다 담가 두어. 얼마쯤 담갔다가 모시칼[11]로 품어. 그러면 그것이 번쩍번쩍 빛

11) 품칼. 모시의 밤색이 나는 겉껍질을 벗기는 것을 '품는다'고 한다. '품칼'이라는 말도 여기에서 나온 것으로 보인다.

이 나는데, 어디 모시 같은 것에다 댈 것이냐. 참 좋아. 그것이 청올치다.

그놈을 왕골 껍질은 벗겨서 자리 만드는 데 쓰고, 속은 앞에서 만들어 놓은 청올치를 말아서 신총을 만들어. 그러면 왕골속은 안 보이고 청올치만 보이는데, 아주 허옇지. 보기가 참 좋아. 그것으로 신총을 매. 한 켤레 삼으려면 근 2백 개 들어갈 것이다. 한쪽에 백 개씩이면 2백 개거든. 그러니까 신 바닥은 겉껍질을 안 벗긴 삼이라 검고, 신총은 허옇지. 그리고는 위로 올라오는 놈을 잡아서 태를 만들어. 그래 가지고 그것을 소태나무 껍질로 감지. 그것도 하얗거든. 그렇게 해서 만들면 신골을 박아. 짚세기건 미투리건 문수가 없어. 크기가 없다 그 말이야. 그러니까 나무로 다 삼은 신에다가 딱 꿰어서 잡아 늘리는 폭이지. 그렇게 만든 것이 미투리다. 미투리는 참 좋다. 여름에 그놈 신어보면 구두 그까짓 것에다 비하겠냐.

아버지가 신 삼는 것을 어디서 배우셨는지 모르겠어, 영광인지 장성인지. 그래도 잘 삼으셨어. 솜씨가 좋았거든. 그래서 외할아버지가 '아이고……' 하고 탄식을 하셨단다. 그럴 것 아니냐? 명색이 양반이라고 하면서 신이나 삼고 있으니. 그리고 단명하겠다고 하셨단다. 왜냐하면 아버지가 눈자리가 깊어. 큰아버지는 눈이 좀 나오셨거든. 상세 눈이 꼭 큰아버지 눈을 닮았다. 그런데 아버지는 눈자리가 깊으셨어.

■ 눈자리가 깊으면 단명하나요?

그런 말이 있어.

■ 저도 좀 깊은데.

네가 무슨…….

아버지는 말씀을 하시다가 내 얼굴을 바라보시더니 '그런 소리 다시는 허지 마라' 하셨다.

■ 반암에서도 신을 삼았어요?

아니. 반암에서는 안 삼으셨다. 상골에서 많이 삼았어. 그러면 그 것을 내가 줄포로 팔러 다녔다.

■ 아버지께서 태어나실 때 이야기를 좀 해주세요.

나는 반암서 났어. 가만 있자, 나보다 먼저 성내로 시집간 누님부터 반암서 생겨났고만. 다른 데서는 생길 데가 없어. 내 밑에 준영이라고 남양군도에 가서 죽은 네 삼촌도 반암에서 낳았고, 작은아버지는 반암에서 생겨 가지고 상골에서 났다.

우리가 반암으로 이사를 하고 할머니는 더러 오셨는데, 내가 태어날 때도 오셨더란다. 그런데 해산할 때가 되어서 와 보았더니 아이고 산모는 애를 낳는다고 진통을 하는데, 집구석이라고 아버지는 안 계시고 어머니하고 형님하고만 있더란다. 형님하고 나하고 다섯 살 사이니까 그적에 형님도 댓살밖에 안 먹은 아이 아니냐. 그런데 먹을 것이 아무 것도 없더란다. 나무도 없고. 찻독(뒤주)에 가 보아야 끓일 것이 있어야지. 때는 섣달그믐도 다 되는데 방도 삼천냉돌이고. 어떻게 할 수가 없어. 하여간에 '아이고 내가 뭣 하러 왔는고!' 하는 생각이 저절로 나더란다. 그래서 하다하다 못해서 뒷잔등[12], 그것을 초간 잔등이라고 하는데, 거기 나가서 우두커니 서 있었더란다. 억장 무너질 일 아니겠냐?

그런데 우두커니 서서 보니까 누가 밭에다가 수수를 심어서는 이

12) '잔등'은 작은 고개(嶺)다. '뒷잔등'은 뒤쪽에 있는 고개를 말한다.

삭은 잘라 가지고 대를 들판에다가 쌓아 두었더란다. 가을에는 으레 그렇게 하거든. 그것이 눈에 띄어. 눈은 한 자도 넘게 와버렸는데. 그래서 그냥 염치 불구하고 그리 갔어. 그적에는 그러니까 할머니가 그렇게 상노인은 아니었던가 보더라. 가서는 쌓아 놓은 것을 헐어 젖히고는 눈을 털고 그러고 있는데, 그것도 임자가 보고는 쫓아와서는 못하게 하더란다. 그럴 것 아니냐 그 사람도 농사지어 놓은 것인데. 그러면서 무엇을 하려고 그러느냐고 묻더란다. 갖다가 때려고 한다고 했지. 주인이 못 가져가게 할 것 아니냐? 그래서,

'내가 우리 메누리가 해산을 헐라고 히서 장성서 왔소. 근디 집은 춥고 땔 것이 앙 것도 없어서 산모가 얼어 죽게 생겼응게 좀 봐 주씨요' 했더니, '그리요? 그러면 갖고 가씨요' 하더란다.

그렇게 해서 가지고 오기는 했는데, 수숫대란 것이 잘 안 타는 것이다. 봄이 되어 바짝 말라야 타지 그렇게 눈 오는 겨울에는 타지 않는 것이다. 그것이 대막대기 모양으로 껍데기는 반들반들 안 하냐. 껍데기만 부르르르 타버리고 말아. 거기다가 눈까지 맞은 것이 탈 것이냐. 눈물을 얼매나 뺐는가……. 그렇게 수발을 해서 애기라고 나왔는데, 꼭 주먹만이나 하더란다. 그래서 사람들이 어째서 그렇게 애기가 작으냐고 물으면 어머니가 그러셨단다. 추위에 부대끼고 못 먹어서 그랬다고.

상골 살이, 소작을 지으며

■ **반암서 상골로 오실 때는 아버지께서 몇 살 때셨어요?**

그때 형님이 열여섯 살인가 자셨다고 하니까 내가 열한 살이나 되었겠다.

■ **그러니까 반암에서 십 이삼 년 정도 사셨겠군요.**

그렇게 되는가 보다.

■ **반암에서 상골로는 어떤 연줄로 해서 오게 되었어요?**

백겸씨를 연줄 삼아서 왔어. 백겸씨는 할머니 친정 재당숙 벌인가 될 것이다. 그 양반을 연줄 잡고 오고, 논도 그 양반한테 사정해서 얻었지. 그러니까 상골살이를 할 때 백겸씨 도움을 많이 받았어.

어머니가 사천에 가서 사정을 많이 허셨는가 보더라. 그런데 백겸씨가 서손(庶孫)이다. 그것도 외할아버지가 아니고 원당 아짐 친정붙인데, 사천 할머니와 결혼을 한 것이지. 그리고 사천 할머니도 신승지네 서녀거든. 승지도 그 양반 몇 대 전 할아버지가 한 모양이더라마는 사람들이 그렇게 불렀어. 그 양반이 호암에서 나와 가지고 상골에서도 산 적이 있기는 하지만, 그적에는 벌써 사천으로 갔어.

상골로 이사를 올 때는 동네 사람들이 우리가 꽤 잘 사는 것으로 알았단다. 그적에 상골은 동네가 딱 짜여 살았어. 너는 모를 테지만 자옥씨라든지 용암 양반이라든지 하는 이들이 다 장정이었어. 용덕이로 오태동 양반으로 조판구로 모두 한창때지. 이삿짐을 나르러 와서 보니까 이삿짐이 저희 사는 것하고는 틀리거든. 장롱이라든지 괴짝이라든지.

판구가 마침 그 괴짝을 졌는데 어찧게나 무겁던지 '이놈으 괴짝이 이렇고 무걸 적으는 이 속에 돈이 하나 들었는 갑다. 글 않고는 이럴 수가 없을 것'이라고 그랬단다. 사실 그것이 엽전 괴짝이었다. 그러니까 속은 비었어도 돈괴짝은 맞지. 그러고도 다듬잇돌이니 확돌[13]이니…… 벼룻집이라든지 경대, 그런 것들 지금은 다 부서져서 없어져 버렸지만 번쩍번쩍 하는 것들이 다 저희들 살림살이보다 훨씬 낫단 말이야. 그래서 무장양반도 우리가 살림살이가 괜찮은 것으로 알고 빚도 달라고 하면 주고 그랬단다. 그런데 그것이 어디서 나온 살림살이인가 하면 아버지 양가, 그러니까 회진 할아버지 살림살이였어.

상골로 이사 올 때는 무장양반 그러니까 용선이 아버지한테 도움을 좀 받았다. 그 집은 비교적 잘 산다고 했거든. 그래봤자 자기네 것은 한 되지기도 없고 다 소작이었지만. 제일 낫다고 한 이가 영기 할아버지다. 그이가 상골에서 제일 잘 산다는 말을 들었어. 어떻든 동네 사람들이 다 살림을 져 나르고 밥도 무장양반네 집에서 다 해먹었어. 큰아버지가 이삿짐보다 하룬가 이틀인가 좀 먼저 왔는데 그때부터 무장양반 집에서 쉬었어. 무장양반도 살림살이가 좀 괜찮게 보이고 허니까 뭐가 좀 있는 모양이다 했더란다. 실상은 아무 것도 없는데. 그래서 무장 양반네, 대정리 양반, 경환씨네에서 빚을 얻어서 살기 시작했어. 그적에 경환씨는 면에 들어간 지 얼마 안 되었을 때였다.

그때 집은 어떻게 장만했는지 모르겠어. 이사를 하면서 집은 샀

---

13) 국어사전에는 '확돌'은 나오지 않고, '돌(철)확'은, '돌(철)로 된 조그만 절구'라고 풀이되어 있고, '확'은 '절구 아가리로부터 밑바닥까지의 구멍'이라고 설명되어 있다. 그러나 내가 어려서 본 바로는 의미가 다르다. 즉 '절구'는 '곡식을 찧거나 빻는데 쓰는 기구'이고 '확(돌)'은 '곡식을 가는데 쓰는 기구'인데, 맷돌과 달리 가루를 내기보다는 껍질을 갈아서 벗겨내는 기구다. 통보리를 '확돌'에다 넣고 물을 부은 다음 돌멩이로 갈아서 겉껍질을 벗겨내(이것이 '꽁보리'다) 밥을 하는 것을 어려서 많이 보았다.

는지 세를 얻었는지. 잘 모르겠다마는 시방 복규가 살고 있는 그 집을 장만했지. 그것이 본래는 경환씨 집이었는데 그적에 살기는 영문씨라고 재국이 외할아버지, 그이가 안 나가고 살고 있더라.

상골에 이사를 와서는 가맛재 논 9마지기를 소작 지었지. 그 논은 사천 신씨네 것인데 전에는 와룡리 진주사 그러니까 수천이 수만이 아버지가 지었어. 그런데 이 양반이 선자를 한 이태 떼어먹었던가 보더라. 그 주사라는 이가 신승지하고 친했거든. 그러니까 그것을 믿고 떼어먹었던 모양이야. 그러던 차에 우리가 이사를 하고 나서 어머니가 백겸씨한테 어떻게 사정을 했던지 그놈을 벌어먹으라고 주었지. 그래서 내가 몇 살 땐지는 모르겠다만 지게 지고 일을 했어.

그적에 아버지는 자존심이 많이 상하셨다. 반암 살 때는 백겸씨네 살림보다는 우리가 조금이라도 나았거든. 그래서 사천 할머니가 우리 집에서 밥도 얻어 자셨단다. 거기다가 백겸씨하고 아버지는 나이 차이가 10살 이상 났는데, 그래도 아버지는 백겸씨한테 서손이라고 말을 안 올려 주었거든. 그러다가 상골로 이사오면서 할 수 없으니까 어머니가 사천에 가서 사정을 했거든. 그러니 속이 편하지 않으셨을 것 아니냐.

항렬로 따져도 더 높네요?

항렬이야…… 말도 안 있냐, '처갓집 벗은 작대기 벗'이라고. 이게 무슨 소린가 하면 처갓집에 가면 나이로나 따지지 항렬은 안 따진다는 말이다.

그렇게 해서 땅은 얻었는데 그 땅이 지금까지 놀고 있던 것이 아니라 다른 사람이 농사를 짓고 있었단 말이야. 남이 짓고 있는 소작을 떼어서 우리가 짓는 것도 어려운 일이다. 나랑 형님은 '이 논은 이제 우리가 농사를 짓는다'고 생각을 하고 거기다 풀을 해다가 부렸어. 그전까지 누가 지었는지도 모르고. 그런데 하루는 아침나절에 풀을 해 가지고 가보니까 그 논에다 누가 물을 잡어 놓았더라고. 그러더니 저녁나절에는 모를 싹 심어버렸네. 물을 잡아 놓은 논이라 풀은 다 깔아서 어떻게 해버렸는지 모르겠고. 그때가 모심을 때가 되기는 했지만 다른 사람은 아무도 모를 아직 안 심었는데. 이런 억장 무너지는 노릇이 있어야지.

나중에 알아보았더니 진주사네 집에서 그랬어. 주사가 육 형제 중에 제일 크고, 진사두라고 주사 둘째 동생인가 셋째 동생인가 되는데 부자였어. 그 일가들이 장터로 반계촌으로 덕흥리로 그리 그리 모여서 살았어. 그때 진사두는 덕흥리 살았다. 그러니까 진주사가 일꾼들을 몇 십 명이나 동원했는지 아침 나절에 모를 심어버린 것이지. 우리가 풀을 지고 갔을 때는 일꾼이 한 사람도 없었거든. 그래서 아버지는 정읍 재판소에 가시고. 우리는 사천으로밖에는 갈 데가 있냐? 사천으로 가서 사천 하내[14]한테 그 원정(原情)을 했지.

'그리야? 그런디 모를 심었는디 별 수 있냐? 근디 그 논을 느그가 매라, 느그가 매여. 너그 아버지가 재판소를 갔다고 헝게 어떻게 결정이 날지는 모르것다마는 그것은 아무 쓸데없고, 느그가 기양 농사를 지어. 그리갖고 나락을 비어 들이는 것이 임자여.'

그래서 이제 우리가 그 논을 보름 만에, 심은 날은 아니까, 김을 맸어. 그적에 초벌은 보통 심은 지 스무 날 만에 매거든. 그것을 보름 만에 맨 것이지. 가만 생각해 보니까 그 사람들이라고 그것 모르겠냐? 포기할 것 같지가 않아. 꼭 사람들 데리고 와서 맬 것 같단 말이야. 그래서 보름 만에 참질꾼[15]을 사서 맨 것이지. 상골은 '식전

---

14) 직계 할아버지는 아니지만 할아버지뻘 되는 사람을 '하내'라고 한다고 하였다. 사천 하내는 앞에 나온 백겸씨이다.

15) '참질'은 한나절보다도 짧게 하는 품팔이로, '식전질'(새벽부터 아침밥을 먹기 전까지 하는 일), '저녁질'(산그늘이 내려오기 사작해서부터 어두워지기 전까지

질', '저녁질'이 안 있냐. 또 동네 사람들도 어떻든지 동네로 이사 왔으니까 우리 편 들지 주사네 편 들 것이냐. 그리고 또 놉이라는 것이 돈주고 사는 것이라……

그러고도 보통 초벌을 보름 만에 매고 두벌은 열흘 만에 매는 것인데, 초벌 매고 나서부터는 날마다 논에 가서 매고 살았어. 그래놓으니까 나중에 그 사람들이 어떻게 하지를 못했어. 그 사람들 논매러 한 번이나 왔는가 모르겠다. 그래서 가을을 그냥 우리가 해 들였지.

그러면 주사네는 모를 심어놓고 한 푼도 못 먹었어요?

암언. 자기네가 어디다 힘 쓸 데가 있냐? 백겸씨가 우리보고 베어들이라고 했는데. 그리고 그 사람들 심기만 했지, 매서 가꾸기를 했냐 어쨌냐. 그러니까 그것이 재판소 가서 판결을 얻었는가, 사천 가서 받았는가는 모르겠다마는. 어떻든 그 사람들이 선자 떼어먹은 그 과실이지. 승지 영감하고 주사하고 친했는데 승지 영감도 돌아가고 없으니까 아무 힘이 없어. 그래서 끝내 논을 떼였어. 그래서 모만 공으로 심은 폭이지. 그리고는 끝나버렸다.

그때 사천 신씨네는 소작을 몇 석이나 받았어요?

말은 삼천 석 받는다고 했지만 삼천 석은 못 받았을 것이다.

그러면 고창 군내에서는 그보다 부자가 많았어요?

아이고, 흥덕만 해도 진치삼이 진두원이…… 부자가 많았다. 사천 부자만 한 집은 천지였어. 흥덕에서는 진치삼이가 첫째였는데 만석

하는 일) 등이 있었다. '참질'의 품삯은 면적에 따라서 계산을 하기도 했지만 보통 하루 품삯의 1/3 정도로 계산하였다.

꾼이었어. 그리고 고창군내로 말하면 율촌에도 부자가 많았다.

■ **그때는 보통 마지기당 얼마씩이나 수확했어요?**

그때 비료도 없고 그래서 많이 먹는다고 해야 논 한 마지기에 마대섬 한 섬 먹었어. 그적에는 보통 마대섬으로 했어. 농사 잘 되었다고 큰소리 쳐야 서른 말 먹었어.

■ **소작료는 얼마나 했어요?**

그적에 우리는 아홉 마지기에 일곱 섬 열다섯 말 해 주었어.

■ **반이 안 되는 셈이네요?**

그렇지.

■ **소작료는 어떻게 정했어요?**

지주들이 와서 보고 정했어.

■ **미리 정해져 있는 것이 아니라 매년 가을에 농사 되어가는 것을 보면서 정했단 말씀이지요?**

암언 그렇지. 아버지가 농사지으실 때는 모르겠다마는 내가 상골 와서 지을 때는 그랬어. 그런데 그 사람들이 이 논에서는 가령 한 섬을 먹겠다고 해도 한 가마니는 못 가져가. 왜 그러냐 하면 한 섬 먹는다고 하면 수확을 해서 가마니에 한 섬을 담아야 한 섬을 먹는 것 아니냐? 그런데 논에서 한 섬 농사를 지었다고 하면 그중에서 새가 먹지, 오며 가며 떨어지지…… 한 섬을 못 먹는 것이다. 그러니까 많이 받으면 7~8말 받았어.

■ 그러면 사음은 지주에게서 무엇을 얼마나 받았어요?

소작료 중에서 십분의 일을 사음이 먹었지.

■ 할아버지 돌아가실 무렵 이야기를 좀 해 보셔요. 전에 얼핏 들었던 기억으로는 그때 큰어머니께서 막 신행을 오셨을 때라고 들었는데.

아버지는 아짐이 오던 해에 돌아가셨다. 그러니까 반암에서 상골로 이사 와서 살다가 가셨어. 우리가 상골로 이사를 올 때 형님이 열다섯인가 열여섯 살인가 잡수셨을 것이다. 그리고 스무 살에 결혼을 한 성싶어. 그런데 결혼은 했어도 신행은 바로 못하고 이탠가 삼년인가를 아짐 친정에서 묵혔어. 그리고 신행 온 해에 아버지가 돌아가셨어.

■ 친정에서 묵히다니요?

옛날에는 혼인을 하고도 집이 너무 가난하면 바로 신행을 하지 못하기도 했어. 결혼을 하고도 친정에 있어. 그런 것을 묵힌다고 했다.

아버지가 돌아가시기는 윤 유월 스무 여드렛날 돌아가셨거든. 그 해는 못장마가 졌어. 모심는 철에 장마가 졌단 말이야. 그적에 집 앞 논에서 모를 심는데, 끝나가는 판이었어. 아버지가 다른 농삿일은 못해도 손재주가 있으셔서 모는 잘 심으셨어. 그날도 아침나절에는 아버지도 형님이랑 나랑 같이 모를 심었어. 그러다가 점심은 집에 와서 먹었어. 그리고 났는데 아버지가 '쬐께 남었응게 느그끼리 가서 끝내버려라' 그러시더라. 그래서 우리끼리 나가서 모를 심었지. 비는 계속해서 오는데.

얼마 동안이나 심었는가, 어머니가 우산을 받고 오셨어. 그런데 나오시면서 종엽이네 밭가에서부터 자꾸 우리보고 손짓을 하셔. 그것이 우리보고 나오라고 하는 것이었는데 우리는 그런 줄 모르고 그냥 모를 심고 있었어. 얼마 안 남았으니까. 그런데 어머니가 논에까지 오셔서는 그만 두고 그냥 나오라고 하시더라. '아버지께서, 집이 넘어갈라고 헝게 얼른 오라고 안 허시냐' 그래서 넘어가려는 것을 어떻게 한다냐고 물었더니 기둥 같은 것으로라도 받쳐야 한다는 거야. 그적의 집 자리는 상골 우리집 자리다.

그래서 이게 무슨 소리냐고 하면서 씻지도 못하고, 그적에는 등지잠방이[16]를 입었는데, 비 맞아서 다 뭉쳐진 것을 그대로 입고 쫓아갔지. 그런데 영기네 모시밭 안 있냐. 거기께 가니까 난리 몰아온 것 같이 '우루루' 소리가 나면서 우리집 있는 데서 먼지가 풀석 나네. '어어 집 넘어갔다' 하면서 가보니 아니나 다를까 넘어가버렸는데…… 꼭 삿갓 엎어놓은 것 같이 생겼더라. '집이 넘어가려면 한 바퀴를 돈다'고 하는 말도 있다마는 어떻게 한 바퀴를 돌 수가 있겠냐? 그냥 그대로 주저앉아버렸더라고.

그적에 시방 뒤로 넘어 다니는 길가 쪽으로 작은방이 있었어. 그것이 말하자면 막 신행 온 아짐 방인데, 집이 넘어가려고 하니까 아버지가 아짐한테 '나오니라. 시방 집이 넘어간다'고 하셨는가 보더라. 그래서 아짐이 방에서 나왔어. 막 나와서 토방[17]을 내려서는데, 판구가 자기 집에서 보니까 치마가 갈씬 스치더란다. 그런데 먼지가 콱 덮어버리니까 사람은 안 보여. 그래서 '어어, 저 양반 죽었다'고 했는데, 나중에 먼지가 가라앉은 후에 보니까 그래도 다행히 살

16) '등지게'와 '잠방이'를 합하여 부르는 말. 등지게는 소매가 팔꿈치까지 내려오는 한복 작업복 상의, 잠방이는 무릎 정도까지 내려오는 한복 작업복 하의.

17) 국어사전에는 '마루를 놓게 된 처마 밑의 땅'이라고 되어 있다. 그러나 우리 고향에서는 처마 밑에서 마루 앞까지를 이른다. 보통 마당보다 한 단 높이 만든다.

앉더란다. 나도 그때 치마가 서까래에 걸려서 찢어졌다던가 어떻다든가 하는 소리를 들었던 것 같아. 하마터면 일을 당할 뻔했어.

우리가 가보니까 막 그렇게 생겼어. 아이고 이거 어떻게 할 수가 있는가. 비를 막 맞고 해서 춥기까지 하는데. 집이라고 들어가야 옷을 갈아입을 것 아닌가. 그런데 그냥 꼭 삿갓 엎어놓은 것 모양으로 엎어져버려 놓았으니. 뺑뺑 돌아봐야 어디 안으로 들어갈 데도 없어.

그렇게 된 차에 동네 사람 몇이 왔어. 대정리 양반이던가 누가 '뒤로 가서 집시랑[18]이 조깨라도 약헌 디를 뚫고 들어가라'고 하더라. '뚫고 들어가서라도 옷을 갈아 입어야제, 이룷게 떨고 서있어야 쓸 것이냐'고. 그러면서 누가 낫을 갖다 주어. 비는 그적에는 부슬부슬 하는데. 그래서 막 뚫고 들어갔어. 시방 집은 처마만 땅에 닿았지, 가운데는 텅 비었거든. 그래서 옷을 꺼내려고 농을 찾아보았더니…… 이런, 농이 파싹 깨져버리고 한 짝밖에 없어. 그것이 본래는 한 켤레인데. 그래서 깨진 농에서 마른 등지잠방이를 꺼내다 입었지.

'자 인자 이것을 어뜨게 헐 것이냐.'

기가 막힐 일 아니냐. 그런데 대정리양반, 그이가 영기 할아버진데 '우선 우리 사랑으로 가서라도 어한(禦寒)을 히야제 어찧게 헐 것이냐. 그러고 저녁이라도 히 먹을라면, 좋으나 나쁘나 우리집 사랑에 헛솥[19] 걸어놓은 것이 있응게 거그다 밥을 히먹으라'고 하더라. 그래서 그리 들어갔지. 그 방은 꼭 오방사랑[20] 모양으로 생겼거든. 그래도 별 수 있냐? 그래도 나무가 있는가 뭐가 있는가, 아무 것도 없어. 실로 그적에 어떻든지 동네 사람들 덕으로 살았어.

그 방이 말이 사랑이지 웃방[21]이야. 그래서 거기에서 못 있게 생

---

18) 처마 부분.
19) 고래를 방으로 연결하지 않고 아궁이만 만들어 솥을 걸어 놓은 것.
20) 오방사랑(五方舍廊)(?). 그렇다면 아무나 드나들 수 있는 사랑이라고 할 수 있을 것 같다.

겼어. 그래서 시방 태훈이네 집 자리 그것이 흥덕 읍내 기범이 집인데, 그적에 비어 있었어. 그래서 그 집으로 옮겼지. 고리실 양반이 그래도 그놈은 온집이라 남의 집 웃방보다는 나을 것이라고 하면서 그 집으로 가라고 그러더라. 그래서 그 집으로 들어갔어. 나중에 우리 집은 마람(이엉)을 떨어버리고 나무는 빼다가 그 집(기범이)에 갔다 주었다.

그러고 나서 아버지가 병이 나셨어. 병이 어떻게 났는고 하니, 처음에는 엉덩이에 종기가 났어. 그것보고 둔종(臀腫)이라고 하는 것인데 옛날 말에 '둔종은 생침[22]을 맞아야 낫는다'고 그랬거든. 그적에 율갯 양반이 침을 조금씩 놓았다. 아 이 양반이 생침을…… 아 곪지도 않은 것을 막 찔러댔으니……, 얼마나 아팠겠냐. 그래 가지고 손독 오르고 어쩌고 하면서 그것이 악화되어버렸어. 나중에 비가 개고 나니까 더위가 왔는데 그해 여름은 징그럽게 더웠다. 그때가 윤오월이었으니까 양력으로 7, 8월쯤 되었지. 그러니 얼마나 덥겠냐. 불볕이 일어나지.

윤 유월이면 모심을 때가 훨씬 지나지 않았어요?

시방이니까 모를 일찌감치 심지, 그적에는 다 그때 모를 심었다. 말이 '하지 전에만 심으면 먹는다'는 것이다. 그러니까 조금 늦기는 했지만 모를 심었어.

그런데 집이라고 모양도 별스럽게 생긴데다 방구석이라고 하나밖에 없는데, 아짐 계시고, 우리가 오남매, 어머니, 그러니 식구가 여덟이야. 그러니 어떻게 할 것이냐? 밤이면 아버지를 시정[23]에다

21) 안방 위에 만들어 놓은 방. 고래가 안방과 연결되어 있어서 온기가 안방을 거쳐서 들어간다.

22) 곪지 않은 종기에 놓는 침.

23) 마을 공동의 모정(茅亭). 농번기에 마을 사람들이 쉬는 데 쓴다.

업어다가 드려. 그래서 시정에서 주무셨어. 홑이불 하나 갖다가 덥고. 그렇게 더워도 아직은 시정에서 잠자는 사람은 없어. 모심을 적에는 시정에서 잠자는 사람이 없거든. 으레 세 벌을 매어야 시정에서 자. 그러니 생각해 봐라, 다른 사람은 아무도 없는데 몸까지 아픈 양반이 시정에서 혼자 홑이불 하나 덥고…… 그런 일을 생각해 보면…….

아버지가 누워 계시니까 큰집에서 강골 형도 와보고 도산 형도 와보았어. 도산 형은 나하고 한 살 차이다. 강골 형은 큰아버지하고 동갑이고. 그래도 장가는 일찍 가서 그적에는 벌써 애기 아버지가 되었다마는. 와서 보고는 큰아버지보고 그 이야기를 하면서 빚을 얻어서라도 어떻게 집을 장만해 주어야 되겠더라고 그랬단다.

그래서 그렇게 하기로 하고 아버지가 계획을 잡아서 큰집에 갖다 주었어. 아버지가 그런 것은 할 줄 아셨거든. 큰집에서는 그것을 봐가지고 돈이 얼마나 들지를 알아보려고 한 것이지. 그러니까 아버지가 '이왕으 이렇게 된 것을' 하면서 빚을 얻어서라도 사간 모퇴[24]에 네 줄박이로 지을 계획을 세웠네. 네 줄박이를 겹집이라고 한다. 사간 겹집으로 하려면 기둥을 앞에 다섯 개, 옆으로 네 개 모두 사오 이십 스무 개를 세워야 돼. 거기다가 모퇴까지 하려면 기둥을 더 세워야 되고.

그랬더니 큰집에서 '어찧게 막[25] 같이나 짓는다면 모르까, 사간 모퇴가 뭐여' 하면서……. 그래서 꿩 구워먹은 자리가 되어버렸지. 아무 소리가 안 나와. 하오산 양중씨가 금구영감 사윈데, 그적에 그 양반이 잔등 넘어 다니면서 우리 집을 봤거든. 보고는 큰집에 가서 '에이 이 사람들아 그리도 형제간인디 그러면 쓰겄는가' 하면서 어

---

24) 집 측면까지 만든 툇마루.
25) 비바람을 가리려고 임시로 아무렇게나 지은 집.

떻게 말을 했던지 집을 사 주었어. 그 집이 지금 상현이가 살고 있는 집이다. 그것이 본래는 금구영감 집인데 세를 주었는가 안 주었는가는 몰라도 한 때는 성진씨도 살았고, 우리가 살 무렵에는 손사인이가 살았어. 전부 토담집이야. 그래도 명색이 삼간이야.

그것을 양중씨가 30원에 흥정을 붙였다. 돈 30원이 어디 있냐? 그것을 장성에서 내가 가지고 왔지. 그때가 여름이었어. 내가 등지게를 입고 갔는데 큰아버지가 돈 30원을 종이에다가 차곡차곡 싸 가지고는 등지게 안에 있는 호주머니에다 넣고 꿰매버리더라. 홑등지게만 입었는데. 사방은 메리야쓰도 입고 하지만 그적에는 메리야쓰는 옆에도 못 가는 세상이었거든. 거기서는 내가 내버려두었다마는 오면서 그것을 다 뜯어버렸다. 귀한 것이나 넣어 가지고 오는 줄 알고 도둑놈이라도 '네끼놈 거그 섯거라' 하면 어쩔 것이냐. 그때 나는 조그마한 아인데. 그렇게 해서 가지고 왔지. 그 돈은 바로 양중씨가 가져갔어. 결국은 금구영감한테 들어갔을 테지. 그래 가지고 아버지 영위(靈位)도 거기에다 지었어. 그러니까 아버지가 돌아가시고 바로 샀는가보다. 그래서 태훈이네 집자리에서는 영위도 못 짓고 있다가 나중에 이사해 가지고 영위를 지은 것 같고만.

그런데 나중에 들으니까 그 돈 30원이 큰집에서 준 것이 아니라 배치 선산을 발매(發賣)했던 모양이더라. 발매라는 것이 산을 파는 것은 아니고 산에 있는 나무만 파는 것인데. 발매를 해서 그때 돈 칠십 원인가 팔십 원인가를 받아서 명수라고 그 양반하고 절반씩 갈랐단다. 그러니까 그 돈이 그 돈이었어. 명수 형은 큰아버지하고 나이가 비슷하거든, 항렬만 낮지. 그래서 명수 형이 '긍게 아자씨는 이놈 갖고 재주대로 키우씨요. 나는 나대로 키울랍니다. 그리야 우리 선산 일을 헐 것 아니요?' 그랬단다. 그래서 그렇게 하기로 했는데 큰집은 그놈을 갖다가 은행에다 딱 방치해 놨어. 그러다가 우리한테 준 것이지. 그런데 명수 형은 그놈을 상당히 키웠어. 언제 한번은 내가 명수형네 집에 갔더니 그런 이야기를 하면서 '느그가 돈 갖다 썼담서야?' 하고 묻더라. 그래서 '우리는 그런지 저런지도 모리고 갖다 썼소' 그랬다.

그런데 그것을 갚으려니 갚을 수가 있어야지, 집구석이 그 모양인데. 그래서 내가 북선으로 안 가버렸냐. 당최 죽이라도 끓여 먹으려고 해도 못해. 골목에는 빚 받으러 오는 사람이 주절주절 열려 있고.

아버지는 그렇게 며칠을 고생하시다가 둔종은 낫지도 않고 화병으로 돌았던가보더라. 그러니까 아버지는 화병으로 돌아가셨다, 태훈이네 집자리에서. 그적에 편월리 누님은 결혼을 했어, 현술이 아버지가 중매했는데. 그 집은 살림이 괜찮은 편이어서 누님은 결혼을 하면서 바로 신행을 갔어. 그래 가지고 딸 하나를 낳았어. 그리고 그적에 그것이 몇 살이나 되었는가, 둘째를 가졌는데 아버지가 돌아가시게 되니까 왔다 가서는 가던 길로 아팠어. 그러니까 그 집에서 날도 안 보고 덮어놓고 친정에 가서 동티났다고들 했다고 하더라. 결국 둘째를 못 낳고 안 죽어버렸냐.

아버지는 돌아가시는 날 당신이 생각할 적에도 돌아가시게 생겨서 그랬는지 자꾸 뭐라고 말을 하는데 알아들을 수가 있어야지. 귀를 가깝게 대고 들어보아도 무슨 말인지 알 수가 없어. 그러다가 새벽녘에 '날 새기 전에는 안 죽을 것 같응게 편월리로 기별을 히서 너그 누님 와서 보게 히라'고 하더라. 그래서 기별을 갔지. 그때까지 나는 거기에 한 번이나 갔던가, 아마도 안 간 성싶어. 그래도 누님은 아버지 돌아가셨을 때 못 왔다, 몸이 아파서. 아버지가 돌아가시기 전에 장성에서 강골 형하고 도산 형이 작은아버지 아프다는 기별을 받고 상골에 왔었다. 와서 그만 초상까지 치고 갔지.

아버지는 돌아가셨는데, 참 뭐가 있어야 초상을 초상답게 치지. 널도 도개널 하나 못 사고…….

■ '도개널'이요?

'도개널'인가 '도가널'인가 잘 모르겠다. 돈 있는 사람들은 대개 널을 미리 장만해 두었다가 쓰는데, 그것은 보통 한 치 오 푼이거든. 그리고 널 장사들이 파는 널에는 두 가지가 있어. 도개널이란 것은 한 치 짜리고, 또 '빈제기'라는 것도 있는데, 그것은 좀 더 얇아서 오푼 판자. 그것은 좀 싸. 도개널은 한 치니까 좀 비싸고. 그것을 알미 장터에서도 팔았어. 어미등 가다 보면 동헌이라고 수성이 아버지, 그 사람이 거기에서 널 장사를 했어.

그래서 빈제기를 사다가 염을 해서 입관을 하는데 아버지 몸이 좀 부었더라고. 돌아가실 때까지는 그렇지 않았던 것 같았는데 하루가 지나니까 시신이 부어 올랐어. 그래 놓으니 가뜩이나 약하디 약한 데다가 입관을 하려니까 시신이 들어가야지. 안 들어가. 그래서 보습을 가져다가 양쪽에다가 주욱 대고 밀어 넣다시피 했지. 빈제기라는 것은 너무 얇아서 나무를 떼어내서 짜 맞춘 것이 아니라 겉에서 못으로 박아 놓았거든. 그런데 못을 작은 것을 써서 그런지 원체 약한 것이라 떡 벌어져. 그래도 별 수가 없어. 보습만 빼내고 관을 새끼로 묶어서 장사를 지냈지. 그리고는 동네 사람들이 모두 와서 초상을 쳤어.

그적에 오종동 양반이 선소리를 먹였다. 그 자리서 그이가 '어쩔 던지간에 호상이다, 호상. 근디 이렇게 박허게 히서 쓰겄냐'고 하네. 그러니까 무장 양반이 '에끼 이놈아 이것이 호상이냐? 호상이면 이 집이서 이렇게 허것냐?' 하고 나무래네. 그러니까 용덕이 말이 '두건 씬 사람이 몇이냐?'고 하더라. 대처나 그러고 보니까 종형들에 매형까지 다 두건을 썼으니까 두건 쓴 사람이 솔찬하더라고. 아무리 그래도 그렇지, 호상이란 것은 살 만치 살고 죽어야 하는 것인데…… 지금 생각해 보면 그것이 주정인지…….

그때 매형도 용덕씨한테 붙잡혀 가지고 솔찬히 복대기 당했다. 뭐든 좀 톡톡히 내 놓으라는 것이여. 매형이 괜찮게 산다는 말은 들었거든. 그렇지만 매형도 아무 권한이 없었어. 아버지가 살림을 꽉 잡고 있는데 어떻게 할 수 있겠냐? 얼마나 해댔는지는 모르겠다마는, 용덕이가 무장 양반한테 얻어 듣는 것도 봤어. 그러니까 용덕이가 술을 작게 주어서 그랬는가 술에 취해서 그랬는가 모르겠다.

참 박장으로 묘를 썼지. 산은 사리착이라고, 상등, 사창 사람들이 공동으로 산을 사 놓은 것인데 산탯재 너머에다 묘를 썼어. 거기가 사리착 중에서는 제일 가까워. 그 땅이 두환이네 명의로 되어 있어. 아직도 이전은 안 했어. 상골에서 사람이 죽으면 으레 상여 매고 굴재 넘어가. 굴재를 넘어서 오른편으로 산마루를 따라서 가다 보면 그것이 삼포락재거든. 그래서 거기에다 썼어.

관 위에다 회천개[26]를 잘 걸어야 나중에라도 혹간 이장할 일이 있으면 해체(骸體)를 찾기가 좋거든. 그런데 그것도 없었어. 거기에다 널도 다 어긋난 것을 새끼로 묶어 가지고 얇디얇게 묻었고. 돌이 나오고 해서 깊이 팔래야 팔 수도 없었어. 겨우 땅바닥 조금 걷어내고는 관을 놓고 흙이랑 돌 가지고 쌓아서 봉분을 만들었어.

아버지 산소는 거기서 13년 만에 서당골로 이장을 했다. 어째서 이장을 했는고 하면 그적에 안산 양반네 집에 지관들이 더러 다녔어. 그런데 한 번은 충청도 어디에서 지관이 왔던가 그랬어. 그이가 안산 양반네 묫자리를 잡았거든. 그리고 굴재 마루에다가 안산양반 당신 자리도 잡아서 표시를 해 놨다. 별로 좋지도 않아서 나중에 안산양반도 거기에다 묘 안 썼다마는. 그 영감이 괴혈을 잘 잡는다고 소문났다.

괴혈이라니요?

괴상허게 생긴 지형 그러니까 옹색(壅塞)한 데라든가 바위틈이라든지 그런 데 있는 명당을 괴혈이라고 한다. 그적에 형님이 늘 안산 양반네 사랑에 가서 놀았어, 따라 다니기도 하고. 그 지관 영감이 형님을 겪어보니까 심성이 괜찮거든. 그래서 그이가 생각하고 먼저 한 자리 잡아준다고 했더란다. 그러니까 형님이 '아 그러면임사 좋지요' 해서 서당골에다 잡아주었어. 그적에는 우리도 살림이 그럭저럭 좀 괜찮아졌어.

그렇게 묘 자리를 잡아놓고 이장을 하는데, 그때가 섣달 초승인

---

26) '회천개'(灰穿蓋)의 사투리. 무덤 자리는 지표면에서 긴 사각형으로 파 내려가다가 다시 좁혀서 관 높이보다 약간 깊게 판다. 그리고 하관을 한 뒤에는 관에 직접 흙을 덮는 것이 아니라 나무 판자 따위를 걸쳐서 흙이 직접 관에 닿지 않게 하는데, 세도가에서는 나무 판자 대신 회를 두껍게 덮어서 도굴을 방지하기도 하였다. 이것이 '회천개'다.

가, 동짓달인가. 어떻든지 대한 무렵이었는데 징그럽게 춥더니라. 아버지 산소 쓴 것은 환하게 알거든. 이장하면서는 고리실 양반을 데리고 갔어. 고리실 양반, 형님, 나, 또 누가 갔더라, 어떻든 넷이 갔어. 그전까지 우리는 파묘(破墓)하는 것 한 번도 안 봤다. 파묘를 하는데 고리실 양반은 옆에 앉아 있고, 나하고 형님하고 봉분(封墳)을 헐고 조금씩 파 들어갔지. 아 조금 파니까 돌덩이 하나가 그냥 푹 빠지는데, 가만 보았더니 속이 텅 비었네. 고리실 양반이 그것을 보더니 '해체는 없겄네. 13년이나 되야는디 있겄는가' 그러더라. 그러니까 녹아 없어졌을 것이다 그것이여.

아니나 다를까 관은 다 썩어버리고 흔적도 하나 없어. 그래도 해체는 고스란히 남아 있네. 그것을 보고는 고리실 양반이 그랬어. '자네들 도로 봉허소. 여그가 참 존 자리네. 13년 되야다는 해체가 이롷고 되야다는 디는 여그가 보통 자리가 아니네' 그래서 내가 그랬어. '이보다 더 존 자리를 잡었는디. 명당 잡었어요. 명당 잡어서 이장을 헐라고 허는디 어떻게 다시 봉허겄소.'

'허기는 그려. 그리도 13년 된 멧에 해체가 이렇게 좋으니 다른 사람들이 멀리서 봤으면 짐 쐬야다고 허겄네.'

무슨 말인가 하면 진짜 명당자리를 파면 김이 나온단다. 그런데 가까이에서는 보이지 않고 멀리서만 보인다고 그래. 그 소리지.

그래서 해체를 뭐에다 담았던가 담어서는, 내가 짊어지고, 동네로는 못 넘어오니까 매봉재를 넘었어. 내려 와서는 서당골에다 그날 밤에 묘를 쓸 차례지. 그런데 그 서당골도 사실은 남의 땅이거든. 흥덕 읍내 박씨들 땅이여. 종엽이하고 장수를 놉얻어서 천광(穿壙)을 하는데 땅이 어떻게 단단하게 얼어버렸는지 황새곡괭이로 파는데도 힘이 들어. 천광을 하는데 거 힘들었더니라. 두대라고 양쪽에다 기둥을 세우고 짚으로 마람처럼 엮어서 만드는 가리개인데 그것 엮는데 그나저나 짚 동[27]이나 들어갔어, 크게 엮었어. 그러고 길디 긴 서까래를 천광 한 자리 앞에다가 쳐놓았어. 바로 앞에 구고개가 안 있냐. 그쪽으로 불빛이 못 비치게.

그날은 동짓달 그믐 아니면 섣달 초승 무렵이었어. 날짜도 내가 알았었는데 잊어버렸고만. 천광을 다 해놓고는 서까래를 걸쳐놓고 자리 같은 것을 가져다가 딱 덮어놓고 하관 시간 기다리느라고 집으로 왔지. 인시가 하관시간이야. '인시하관(寅時下官)에 묘시발복(卯時發福)'이라는 말이 안 있냐. 그런데 시간이 많이 남네. 그래서 집으로 와서 술 한 잔씩을 하기로 하고 집으로 왔어. 추워서 거기에서는 도저히 기다리지 못하겠어.

시간이 되어 가서 보니까 파 놓은 흙이 영락없는 바위 덩어리 잘라 놓은 것 모양이네. 가루라고는 하나도 없이 덩어리들만 엉성하게 쌓여 있는데 바수어지지를 않네. 두들기면 땅으로 뚫고 들어가지 바수어지지는 않아. 그래서 별 수 없이 덩어리 채로 그냥 긁어 넣었지. 그리고는 평장을 했어. 고리실 양반이 가르쳐 주었어. '아여 바로 이 밑이 구고개니까' 하면서. 평장해야 한다고. 그적에 구고개 최간집이가 흥덕 박씨들 산 수호(守護)를 했어. 그래서 간집이 모르게 하느라고 그런 것이지. 짚으로 두대 엮고 서까래로 가려서 불빛이 새나가지 않게 하는 것까지 다 고리실 양반이 가르쳐 주었어.

그리고는 얼마만큼 지나서 가보았더니 묘가 푹 꺼져버렸네. 얼었던 것이 녹으니까 그렇게 된 것이지. 그래 놓으니까 천광한 자리가 원래 땅바닥보다도 더 낮아져 버렸단 말이야. 그래서 돌아와서 형님보고 말을 했지. 그랬더니 형님이 '인자 다시 동네 사람들보고 어찧게 히도라고 허겄냐? 다시 흙을 늫고 봉분을 지어야제' 그래서 또 밤에 다시 봉분을 짓고, 그렇지 않아도 떼를 입혀야 하게 생겼으니

---

27) 한 동은 10다발을 말한다.

까 떼까지 입혔지.

그러고 나서 언제 한 번 가보았더니 과녁판 크기만큼이나 한 판을 만들어서 글씨를 써서 커다란 서까레 만이나 한 나무에다 달아서 꼭 봉분 한가운데다가 박아 놨네. 이장을 해 가란 것이지. 아 이런 놈의 꼴이 있나. 그래서 내가 그것을 뽑아다가는 고랑으로 가지고 가서 판자를 바삭바삭 때려 부숴버리고 왔어. 또 하루 아침에는 구고개 앞으로 소매[28]를 지고 가느라고 가면서 보았더니 또 만들어 놨더라. 조그맣게 만들어 놓았어야 말이지 원체 크게 만들어 놓아서 가랍등에서도 다 보여. 그래서 소맷짐을 내려놓고는 또 쫓아갔지. 가서는 다 부숴버렸어. 아침 일찌감치 일어나면 소매 지고 구고개 앞으로 네 번을 가는데 그날 아침에는 한 번밖에는 못 갔어. 그 놈을 부수느라고. 그러기를 몇 차례를 했다.

그러니까 우리가 거기에다 묘를 쓰니까 간집이가 흥덕에다가 전의(傳意)를 한 것이지. 그럴 것 아니냐. 그 사람들도 그런 것 하라고 간집이한테 뭣까지 주는 것 아니냐. 그러니까 간집이도 그렇게 했지. 그래서 할 수 없어서 장성으로 기별을 했지. 이렇게 되었는데 어떻게 해야 할 것이냐고. 그랬더니 강골 형님이 왔어.

내가 가서 간집이를 불러 왔어. 지금 상현이 사는 집 작은방에다 딱 앉혀놓고 수인사를 했어. 간집이가 먼저 입을 열어.

'뭘라고 불러겼소?'

'예 당신도 선산도 있을 것이고 멧도 있고 다 그럴 것이 아니요? 어차피 해체는 시방 그 땅 속에 모셔 있소. 당신이 푯말을 박으면 그 바깥에다 박어도 상관이 없을 거여. 그런디 꼭 거 볼품사납게 봉분 한가운디다가 박어? 인자까지 당신은 갖다 박고 야는 일을 하다가도 보이면 쫓아가서 뽑아다 부수고 험서 당신허고 전의를 시방

28) 소변만 받아 모아놓은 것. 거름으로 썼다.

멧 번을 힜다고 허는디, 산지기를 얼매나 받고 허는지는 모르제마는 번번이 꼭 그렇게 히야 허겄소?'

하더니는 나중에는 '에이 여보시오, 그따우 행우가 어딨어' 하면서 화를 내서는 반말로 막 해대네. 그리도 꽥 소리도 못하더만. 간집이가, 나이도 훨씬 많아도. '세상으 그런 법이 어디가 있어. 멧을 파낼라다가도 당신 땜이 못 파내여. 맘대로 히여. 그리고 인자부터는 푯말도 써다 박지 말어. 우리가 알았이면 그만이제, 멀라고 또 같다 박고 그리여. 푯말을 박을 적에는 우리가 알으라고 그러는 것 아니여. 인자 알았는디 멀라고 그 짓거리를 히여. 흥덕다가 그리 전의를 히여. 그러먼 흥덕서 저그 맘대로 파는가 안파는가 볼팅게.'

그러니까 간집이가 '그러씨요' 하고 갔어. 그랬더니 일이 더 악화되어서 이제 흥덕에서 묘를 파낸다고 하네. '아무 날까장 안 파가먼 우리가 파버릴랑게 알아서 히라' 그것이여. 그러니까 강골 형이 '파거나 말거나 냅두어라. 함부로 못 파는 것이다. 그러고 욍길라먼 장성으로 욍겨. 이런 자리는 명당도 아니여' 그러더만. 그적에는 말은 그런다고 했지만 우리도 살림이 조금씩 괜찮아지고 산도 안 샀냐. 그래서 '아이고 쓸라먼 우리 산으다가 쓰제 뭣 헐라고 거그까지……' 하고 말아버렸어.

그런데 구고개나 상골에 소문나기는 '그 자리에 묘를 쓰고 우리가 부자가 되얐다' 그것이여. 살림이 차츰차츰 나아지지 않느냐는 것이지. 그러니까 흥덕 박씨들은 박씨들대로 자기네 묏자리는 다 헛것이고 그 대목이 명당인 모양인데 김덕수한테 뺏겼다고 하면서 파낸다고 난리를 친 것이여.

나중에 판다고 한 날 그 사람들이 부안면에서 순사 둘, 흥덕면에서 둘을 데리고 왔더라. 부안면에서 있는 일이니까 부안면 지서에서도 보아야 할 것 아니냐. 그런데 흥덕 박씨들은 땅은 자기네 땅이라도 금장(禁葬)을 못하게 되어 있고, 하려고 하면 조씨들이나 하게 생겼네. 조씨들 묘가 바로 아버지 묘 위에 있었거든. 그 땅이 본래 조씨들 땅인데 흥덕 사람들한테 팔았어. 박씨들이 산을 사면서 조씨들 묘는 봉산소하기로 했던 것이지.

그래서 그 사람들 경찰을 네 명이나 데리고 왔어도 결국 비용만 들고 못 파고 안 말아버렸냐. 그렇게 하고도 묘를 두 번 옮기지 않았냐. 처음에는 연태네 집에 다니는 강 뭣인가 하는 지관한테 나락 한 섬 주고 우리 땅에다 자리를 잡았어. 그런데 다른 사람들이 다 안 좋다는 것이여. 그 묘는 지금보다 아래쪽에다 썼어. 그러다가 지금 자리로 옮겼지.

그렇게 어려운 형편에서 작은아버지는 어떻게 소학교를 졸업하셨어요?

할아버지가 돌아가시면서 작은아버지 학교는 그만두지 말라고 하셨어. '내가 죽어도 너는 졸업을 허드락 댕겨라' 그러셨어. 그래서 큰 아들이나 막둥이가 둘째보다 좋아. 그래서 졸업을 했어.

상골에 이사를 와서 농사를 지었던 이야기를 좀 해주세요.

우리가 상골로 이사 와서 처음에 농사를 지은 것은 가맛재 논 9마지기다. 물론 소작이지만. 그때 소작료는 처음에는 7섬 15말을 했어. 그적에는 가을이 되면 지주나 사음들이 돌아다니면서 이 논에서는 얼마쯤 먹겠으니 얼마를 내라고 했어. 그래서 7섬 15말씩을 했는데 나중에는 그것이 원세로 되면서 여덟 섬이 되었어.

원세라니요?

원세라는 것은 농사가 잘 되었거나 못 되었거나를 막론하고 가령 한 섬이면 한 섬, 두 섬이면 두 섬을 정한대로 바치는 것이지. 아주 못 먹는 것은 '재로 들어간다'고 하는 것인데, 그렇게 되면이나 안 낼까…… 하기는 그렇게 되면 세금도 안 냈다. 그렇지 않으면 여축 없이 정한 것을 다 내야 돼. 그래서 부자들은 원세로 하려고들 했어.[29] 원세로 짓는 논은 다 쓸 만한 논들이었다. 가맛재 논 9마지기의 소작료는 원세로 되면서 처음에는 여덟 섬이었는데 몇 년이나 그랬는지는 잘 모르겠다만 나중에는 아홉 섬까지 되었어. 사천 부자들은 자기네 돈 떨어지면 선자를 올렸어.

■ 워낙 좋지 않은 땅은 지주가 작인들한테 그냥 지어 먹도록 하는 것도 있었다면서요?

있었어. 그것을 백문이라고 하는 것이다. 그것이 왜 생겨났냐 하면 모를 심어서 다 지어놓아도 칠월에 가물어버리면 못 먹거든. 그래서 땅이 원체 안 좋은 논은 기운 좋은 사람한테 맡겨. 그래도 그것도 순전히 공짜는 아니고 갈비짝이라도 가져다 주어야 얻어. 생각해 보면 그래야 할 것 아니냐.

■ 그러면 세금은요?

그거야 농사 짓는 사람이 냈지.

■ 그러니까 지주들이 작인들한테 세금을 넘기는 조건만으로 농사를 지어 먹게 하는 것이로군요?

암언 그렇지. 그런 논은 농사를 다 지어 놓고도 가물었네, 어떻네

29) 그러니까 '원세'는 흔히 말하는 '도조제'(賭租制)다. 학계에서는 조선 후기의 소작쟁의에서 소작인들이 도조제를 주장한 것으로 말하고 있는데, 이것은 시대가 달라서인지 아버지의 말씀과는 다르다.

하면서 (선자) 감해 주시오 어쩌구 하니까 그랬어. 땅도 안 좋은데다가 비료도 없는 세상에 농사가 된다고 해봤자 얼마나 받을 것이 있겠냐. 그런 논은 또 대개 물이 안 닿거든. 그래서 바싹 말라버리니 어떻게 풀을 맬 수가 있겠냐. 나오는 대로 놓아 두어. 그래서 논이라고 온통 풀만 있고 가을이 되어도 거둬들일 것이 없어. 그러니 받으면 얼마나 받겠냐. 그래서 그랬는데 그적에 선자라고 해봤자 요새에 비하면 별것 없었어. 우리 외가에서 잘 산다는 소리를 듣고 살 때 물 닿는 좋은 놈 말고는 논 한마지기에 선자를 서 말도 받고 말가웃도 받고 그랬어. 그러니까 그때 천 석이라면 굉장한 땅을 가지고 있었던 것이지.

▒ 사음을 안두었어요?

가깝디 가까운데 사음은 무슨 사음. 사음은 아니라도 최윤범이라고 하는 사람이 그 집안 살림을 전적으로 맡아서 했어. 그러니까 집사지.

▒ 소작료를 가지고 가다가 빗장이들한테 빼앗긴 적도 있었다면서요?

있었어. 아까 이야기한 대로 선자를 9섬까지 올렸는데 그래도 그 사람들이 해 달라는 대로 주어야지 별 수가 없어. 그래서 어느 핸가는 아버지가 가을에 어디로 가버리신 적도 있다. 어디 가신단 말도 않고.

나락 훑는 것 너도 봤지. 여자들이 마당에 가득 들어차 가지고 안 훑냐. 훑어 가지고 저녁 때 말로 되어서 그에 따라 삯을 주어. 그것을 돈나락이라고 그랬어. 그런데 우리는 돈이 없어서 그리 못하거든. 거기다가 놉도 못 얻어. 그래서 어머니가 형님이랑 홀태 챙겨놓고 홀짝홀짝 호락질로 훑어. 다른 집 같이 풍구도 없으니까 자리로

북두질[30]을 하고 위에 쌓인 검불을 쓸어 내려. 그래 가지고 어머니 손으로 까불어서 아홉 섬을 담았어.

그적에는 가마니가 아니고 섬이었어. 섬을 엮어가지고 소두(小豆) 말로 스물두 말 내지 스물세 말씩을 담어. 한 섬은 스무 말 아니냐? 왜 그렇게 많이 담는고 하니 '태께'를 지어. 태께가 뭔고 하니 지주 집 마당에 떨어뜨리기 한 섬에 얼마씩 하는, 말하자면 배달료지. 그러면 나락을 사천 집 마당에다 떨어뜨려 주어. 선자를 내려면 나락 섬 질 만한 사람을 놉으로 얻어. '우리가 사천으로 나락 냉게 와서 져다 주시요' 해서. 그리고는 새벽에 우리가 돌아다니면서 그 사람들을 깨워. 그래서 그 사람들이 오면 우선 해장[31]을 먹여. 식구들은 굶어도 그 사람들한테는 해장을 먹여야 해. 나락 섬을 지고 해장 안 먹고 어떻게 갈 수가 있냐?

그러면 한 사람이 지게 두 대씩을 가지고 와. 그래 가지고 먼저 한 대를 지고 가맛재만큼이나 가서 지게를 받쳐놓고 와. 그때는 한 짐이면 한 섬이거든. 그래 가지고는 또 한 섬 지고는 방죽목쯤 가. 그리고는 또 거기에다 세워 놓고 다른 지게를 지고, 장터 모퉁이만큼이나 갖다 놓고. 한 번에 두 섬은 못 지니까. 그렇게 하는 것을 두 지겟대라고 했다. 그렇게 해서 아침밥을 먹기 전에 와. 사천은 얼마 안 되니까. 어찌 그리 일찍들 서두르는가 하면 땅이 얼어 있는 때 가느라고 그래. 녹으면 땅이 질퍽질퍽하거든. 상골에서 사천까지 가려면 복동리로 해서 가는데 길이 다 논두렁길이라 질퍽거리거든.

그런데 하루 아침에는 동네 사람들을 불러서 우리 집에서 나락이

---

30) 돗자리로 바람을 일으켜서 검불을 날려 알곡을 추리는 것.

31) '해장'은 국어사전에는 '술속을 풀기 위해 조반 전에 술을 약간 마시는 것'이라고 풀어놓았다. 그러나 일하는 사람들의 해장은 술속을 풀기 위해서가 아니라, 이른 일을 하기 전 빈 배를 채우기 위하여 술과 밥을 먹는 것을 의미한다.

나갔어. 분명히 아홉 섬이 다 나갔단 말이야. 그런데 나중에 보니까 사천에는 한 섬도 안 갔네. 빚쟁이들이 다 가져간 것이지. 무장 양반, 흥덕읍내 기범이네, 수남 사는 강 누구냐, 어미등 봉훈이, 수성이 아버지…… 모두 호랑이 어금니 같은 사람들이다. 제일 먼저 무장 양반이 몇 섬 자기네 집으로 가져가니까 다른 놈들도 '앗다 이것 봐라' 하고는 가져갔지. 그적에는 아버지도 안 계셨고 하니까 이제 김덕수네 집은 살림살이를 못하는 것으로 치부를 했던 것이지. 그래서 사천에는 꺼럭 하나도 못 갔어.

그렇게 해서 선자로 보낸 나락은 다 없어져버리고 어떻게 해서 한 섬이 남았던가 하는데 무장양반이 또 주열이라고 재룡이 아버지를 데리고 왔더라고. 와서는 나락 한 섬을 부득부득 짊었어. 짊어갖고는 지게를 밀어주었는데, 주열이가 비틀비틀하다가 폭 자빠져버리네. 그러니까 아따 주열이를 그냥 '야 이놈아, 니가 시방 나가 몇 살인디 나락 한 섬을 못 지냐'고 막 욕을 해대면서 다시 지워서 가버렸어. 우리가 상골로 올 때는 무장양반을 끈 잡고 왔거든. 처음에는 우리가 괜찮게 사는 줄 알고 빚도 주고 했는데, 나중에 그 지경이 되어서는 사천 갈 선자를 누가 제일 먼저 가져갔는가 하면 무장양반이다. 우리는 몰랐지마는 그랬던가 보더라.

그렇게 해서 나락은 싹 없어져버렸지. 그러니 선자는 해줄래야 해줄 수가 있어야지. 종자도 뭣도 아무 것도 없어져버렸는데. 그렇다고 선자를 안 낼 수도 없어. 그러니까 이제는 나락을 꾸어야 하게 생겼어. 이렇게 저렇게 해 보아도 턱이 안 닿게 생기니까 아버지가 피한 것이었어. 그때 경환씨도 받을 것이 있고 대정리 양반도 받을 것이 있었어. 그런데 와서 보니까 그 모양이 되었단 말이야. 그러니까 허허 웃고는 그냥 가버렸어. 그래서 그해 소작료는 제때 못 주었어. 그렇게 되고 보니 원정할 데라고는 사천 하내밖에 더 있냐. 가서 이렇게 되었는데 어떻게 했으면 좋겠느냐고 하면서.

그때 사천으로 원정은 누가 갔었는데요?

어머니가 가셨지. 할 수 있냐. 나는 그적에는 아직 너무 어려서 갈 수가 없었어. 그래서 어머니가 가셨어. 가서 그 말을 하니까 그 양반이 건너 와서 무장양반을 잡고 '에이 여보시요' 하면서 뭐라고 했어. 그 양반도 상산 김씨다. 그런데 무장 양반이 백겸씨보다 항렬이 높거든. 사천 할아버지는 '기'자고 무장양반은 '식'자야. 그러니까 무장양반이 대부 항렬이지. 그러니 뭐라고 말을 해야 무장양반이 당하고만 있을 이냐?

'나도 받어야제. 나 받을 것 받는디 왜 그려.'

'누가 받지 마라고 허간디? 좋게 받제 고렇게 받어. 가들이 시방 죽는가?'

그래도 별 수 있냐? 결국에는 우리한테 와서 '어찌여, 이렇게 되얐는디. 논 안 떨어지게 히줄 것잉게 농사를 한 해 지어서 갚어라' 했어. 그래서 그 논을 계속 벌게 되었어. 그래서 지어서 안 갚았냐.

그러면 그 다음 해는 두 해 선자를 한꺼번에 갚았네요?

그렇지. 그런데 그 다음 해 선자는 그만 두고 우선 먹을 것이 없네. 그래서 하는 수 없이 또 빚 얻으러 사방으로 돌아 다녔지. 그적에 고리실 양반네 집에 흥덕 읍내 기범이네 나락이 몇 섬 있었어. 그적에 고리실 양반이 기범이네 심부름을 조금 봐주었거든. 봄이 되어 할 수 없으니까 거기에서 한 섬을 얻어 왔어. 그런데 말만 나락 한 섬이지 쥐가 다 파먹어버리고 먹을 것이 없네. 그래도 그적에는 나락을 꿀 때 달기를 해서 줄까 되기를 해서 줄까, 섬통에 한 섬을 담았으면 그저 한 섬으로 치는 것이지. 그래 가지고 장리라고 가을이면 세 가마니를 물어주니, 어디 살겠냐. 그래도 쑥죽이라도 끓여 먹으려면 곡기가 조금이라도 있어야 하거든. 그러니 빚 얻어다 먹지 않을 수가 없어.

흥덕 읍내에는 부자가 천지니까 그 사람들이 다 장리로 빚을 놓았어. 사천 할머니 친정 그러니까 백겸씨 처가 사람 수달씨로, 그 양반이 백겸씨 처조카다. 그러니까 가깝지. 그 사람들이 다 장리로 빚을 놓았어. 그 사람들은 그러니까 점점 더 부자가 되지. 내가 유기 그릇 짊어지고 사천으로 팔러도 갔다.

유기 그릇 장사도 하셨어요?

아니. 장사한 것까지는 아니고, 그때 우리 집에 좋은 놋대야가 있었어. 그것 달랑달랑 짊어지고 갔다. 그때 어머니가 사천 수달씨 작은 집 그러니까 용제네 집에 가서 바느질을 하고 그러셨어. 거기는 다라실 댁이라고 하는데 거기에서 어떻게 이야기가 되었던 모양이더라. 그래서 어머니가 대야 가져오라고 해서 그것을 팔았어.

그러니까 처분할 것 처분하고 그리저리 해서 순전히 죽으로 끼니를 때웠지. 쪽박 들고 얻어먹으러는 안 다녔다마는…… 사실 말이지 얻어먹는 놈이 편하지. 그래도 그냥 앉아서 굶어 죽지는 못해. 그러니까 순전히 빚으로 사는 폭이지. 그러다 보니까 소문이 다 나서 이제는 빚 얻기도 어렵게 되니 살 수가 있는가. 당최 살 수가 없단 말이야. 그래서 내가 북선(北鮮)을 간 것이었어. 어머니는 못 가게 하셨다. 그래도 내가 '여그서 앙거서 죽으나 거그서 죽으나 한 가진디……' 하면서 갔어.

옛날 선자 내던 이야기를 좀 해주세요.

아까 나락을 식전에 갖고 간다고 안 했냐. 가면 지주들은 그놈을 받아서 마당에다 쏟아놓고 풍구질부터 한다. 그 마당은 맨땅이라도 나락을 하도 끌고 다니면서 나락 먼지가 박혀서 반질반질해. 양회 바른 바닥은 껄끄럽기나 하지, 이것은 양회 바닥보다 더 반드르르한 것이 참 좋아. 꼭 장판 깐 방같이 생겼어. 그런 데는 비가 조금씩 와도 아무렇지도 않다.

그런데 이놈의 풍구가 어떻게나 큰지 살살 부쳐도 멀쩡한 나락이 풀풀 나가. 그러니까 풍구질하는 사람한테도 뭐든 조금씩 넣어 주어야 돼. 그래야 풍구를 좀 살살 돌려. 그렇게 부친 나락을 마당에다가 쌓아놓고 한 사람이 가래장구[32]로 살살 떠서 던져. 가래장구도 참 좋아. 크지도 작지도 않고 또 가벼워. 그놈으로 살살 떠서 던지는데 워낙 졸업이 되어서 나락 알이 둘도 안 붙는다. 쫙 퍼져. 그렇게 두 번을 던지면 보통 키가 아니고 버들키 가지고 둘이 양쪽으로 갈라서서 부쳐. 그러면 또 가래장구로 떠 넘겨. 풍구질 한 것을 그렇게 몇 번 하면 두 개씩 붙은 것이나 모가지 거친 것은 그런 것들을 '송시래미'라고 하는 것인데, 풍구로는 안 부쳐지거든, 그런 놈들이 가장자리로 나와. 그러면 그놈을 빗자루로 쓸어서 한 편으로 젖혀 놓아.

그렇게 해서 말로 되어서 받는데, 말에다가 나락을 수북하게 담아가지고 그 봉우리를 살짝 쳐내. 그리고는 막대기로 싹 문질러버려. 그러니까 나락을 꼭 눌러버리는 폭이지. 그래서 말질하는 사람한테도 좀 약하게 되라고 뭣 좀 넣어 주어. 그러면 좀 살살 되는데, 부자들도 그것까지는 안 보더라. 그나마 실상 우리는 못 해봤다. 뭐 줄 것이 있어야지.

옆에서 말질 하는 것을 보면 오장이 다 상해. 그래서 한번은 부안 양반이 사단을 냈어. 풍구질 가래질 하는 것을 보다보다 못해서 '에

32) 타작 마당에서 알곡을 흩뿌릴 때 쓰는 도구로 눈가래처럼 생겼으나 그보다는 약간 작다.

라 주리헐 놈들' 하고 덤벙거리고 돌아다니는데 마침 토메가 눈에 띄였던가 보더라. 그러니까 그 토메를 그냥……. 부안양반이 원체 기운이 센 사람이라 그러지 보통 사람들은 한 짝도 못 들어. 한 짝도 양쪽에서 두 사람이 잡고 들지, 맞추어 놓은 것은 둘이서도 못 들거든. 그놈을 들어다가는 '야 이놈들아 갈아서 쌀로 받제, 이것이 무슨 지랄이냐' 하면서 거기에다 던져버렸어. 얼마나 부아가 났으면 그랬겠냐. 그것은 논 떼일 폭 잡고 하는 것인데, 아니나 다를까 논은 떼였지. 그래도 선자는 못 떼어먹었다.

작인들이 집에서 나락을 가지고 갈 때는 다 되어가지고 가거든. 그래도 이것이 모자라. 가사 9섬을 내야 해서 9섬을 다 되어서 가지고 가도 한 가마니가 모자란다든지 닷 말이 모자라든지 그런단 말이야. 그래서 갈 때 보통 한 두 말씩은 더 갖고 가는데, 그놈까지 채워도 모자란단 말이야. 그러면 다시 집에 와서 가지고 가서 채워야 해. 그래도 우리는 한두 말 모자라면 사천 하내가 와서 그냥 넘겨주었어. 그렇게 선자를 다 내고 나면 아까에 가래질하면서 쓸어 모은 놈이나 풍구 뒷구멍으로 나온 놈은 우리가 가지고 와. 송시레미조차 가지고 와서 그놈 찧어 먹고 그랬어. 그놈도 솔찬해. 흥덕 부자들도 그렇게 받았다고 하더라.

우리는 한번은 나락으로 안 하고 대전(代錢)한 적도 있었다. 왜 그랬는가 하면 찧어서 쌀로 갖다 주는 것보다는 운임이 덜어지고, 가서 부치고 되는데 그 꼴은 안 보잖냐. 그래서 그렇게 했는데, 그것도 사천 하내가 어떻게 좀 봐 주어서 그랬지 그렇지 않았으면 어림도 없어. 대전으로 하려면 나락을 찧어서 팔아야 할 것 아니냐. 그적에는 기계방아는 없고 대개는 물방아 그러니까 수롱침(水礱砧)으로 찧었는데, 그것이 우수골, 반계, 덕흥리에 있었어. 그래도 우리는 거기 가서 안 찧고 전부 메로 절구통에다 찧었다. 그렇게 하려면 닷새를 말려서 찧어. 그러면 장날이 안 돌아오냐. 그러면 그것을 사서 사천에다가 갖다 주어.

그런데 그놈을 살 때 또 되를 되는데 알미 장터에 쌀가마니를 지고 가면 우리는 되질을 할 권한이 없어. 소사미라고 되질하는 놈이 있어. 그놈들이 되지. 그런데 쌀을 파는 사람들은 메를 더 쳐주어. 왜 그런고 하니 메로 찧으려면 나락을 더 잘 말려야 안 바수어지거든. 그래서 메를 더 쳐주는 것이지. 쌀을 사러 가면 장사들이 달려들지. 그러면 소사미들이 되는데, 그놈들 참 잘 된다. 번쩍번쩍 하면서 말질을 하는데, 아 이놈들이 막 눌러버려. 그래서 소사미 호주머니에다가도 뭣을 좀 넣어 주어야 좀 약하게 되어 주어. 그러니까 이리저리 사는 사람만 죽어나지. 그리고는 소사미들은 됫밑을 떼어가. 가령 한 가마니면 한 되라든지 두 되라든지 그 사람들 가늠(짐작)으로 떼어가. 그러면 우리는 장사한테서 돈만 받아 오지.

그러면 그것이 '궤 주고 궤 바꾸어 온' 폭도 못 돼. 욕만 죽게 봤지. 그러니 어떻게 살 수가 있냐. 홀테 밑에서 나락만 떨어지면 빚 얻으러 다니지. 그러니 이놈의 빚 때문에 당최…… 가져다 먹으면 이놈의 것이 그대로 자빠져 있어야 한단 말이지 자꾸 크니…… 아 칠월에 가져와도 농사지어서 갚으면 장리, 팔월에 갖다 먹어도 장리. 생각해 보면 못 죽으니까 살았어.

하오산 금구 영감은 조금 틀렸다. 그 집에는 큰 멧방석[33]이 있어. 그 멧방석에다 나락을 쏟아 놓아. 금구 영감은 방문에다가 큰 유리를 붙여놓고 그곳으로 내다봐. 그러면 갑진이가 풍구질을 했어. 금구 영감네 일은 갑진이가 다 했다. 그 밖에는 부리는 사람이 없어. 그 사람이 풍구질을 해서 한 주먹을 가지고 가서 보여 주어. 그러면 그놈을 보고 '응, 되야라' 그러면 되지. 그러니까 거기는 비질도 안

33) 둥그렇게 엮은 멍석.

하고. 꺼럭이 붙었던 말았던 상관없어. 그리고 나면 다만 한 말이라도 풍구 뒷구멍으로 나온 것 쓸어 오는데, 그래도 사천 같이 쓸어 올 것이 있어야지. 없어. 그럴 것 아니냐. 내가 무장 양반네가 방죽 밑에 있는 논을 붙였는데 하루 아침에 선자 지고 갔더니 그러더라고.

차독배기 원파농장은 동복네 농장이었어. 삼양사 있고 동복 농장 있고, 달라. 거기 가면 마당에다가 미수리를 깔아놓고 풍구질을 했어. 가마니 뜯어 놓은 것을 미수리라고 하는 것인데. 그런데 거기에서는 풍구 뒷구멍으로 나온 것을 못 가져왔어. 풍구질 하는 놈이 자기 뱃장 틀리면 그냥 세게 부쳐. 그러면 풍구가 워낙 커서 멀쩡한 나락도 막 날려. 그래도 못 쓸어 와. 그런데 사천은 그렇게 깨끗하게 하는 반면에 쓸어와. 깨끗한 마당에 한 꺼럭도 버릴 것이 없어. 그런데 차독배기는 그렇게 하지 않았단 말이야.

‘조상 묏자리 잘 써야 삼양사 소작짓는다’고 하는 말이 있었다면서요?

그런 말이 있었지. 삼양사는 작인들한테 다른 지주들보다는 잘 해주었어. 우선 비료 생겨나면서 비료를 다 대주었어. 값은 가을에 받아갔지만 이자도 없고 작인들이 해 달라고 하는 대로 비료를 사주어. 그러니 얼마나 좋으냐. 그적에 작인들이야 비료를 사고 싶어도 돈이 있어야 사지. 그러니 다른 집보다 소작료를 헐하게 해주지는 않았어도 좋았지.

그러고 작인들이 가서 사정하면 빚도 주었어. 그런데 그 이자가 다른 집보다 쌌어. 그렇게 해서 인심을 얻은 집이 삼양사다. 그러니까 삼양사 논 지으려면 명당 써야 한다고 했지. 우리는 반암에서 좀 지어 봤다마는 상골 와서는 삼양사 논은 옆에도 못 갔지. 삼양사는 반암에서도 선자를 받었어 얼마나 받았는가는 모르지마는. 그적에 가평댁 마당에 가면 산만큼이나 큰 노적이 있었어. 가을이 되면 작인들이 나락섬을 어떻게나 지고 오는지 그냥…….

지주들이 말 안 듣는 소작인들한테서 땅을 빼앗는다고 하지는 않았나요?

금구 영감네 집도 작인들 집에서 쇠갈비가 들어가야 논을 오래 번다고 하는 말이 있기는 했어. 그래도 부자들이 얼마나 그러냐? 사음들이 그 지랄들 했지. 그 사람들이 논 떼네 안 떼네 하면서 봉물을 받아먹지. 사천 최윤범이라고 하는 사람이 신씨네 사음이었는데 그 사람 마누라가 '아이고 나 저놈으 멩태떼 보기 싫어서 못 살겄다'고 그랬단다. 어째서 그랬는가 하면 추석이 되면 선자 감하러 가는 사람도 그 집으로 가고, 논 안 떼일려고 하는 사람, 논 얻으러 가는 사람…… 봉물 천지였어. 그러니 명태가 어떻게나 쌓이던지 이리 저리 치워놓기 어려워서 그랬단다. 형편이 조금 낳은 사람은 갈비 들고 가기도 하고.

아까 말씀하신 토메는 무엇이지요?

흙으로 만든 멧돌.

어떻게 만들어요?

토메를 만들려면 먼저 나무로 동그랗게 통을 만들어. 크기는 지름이 한 발도 더 되지. 높이는 한 자가 좀 못 돼, 한 여섯 치나 일곱 치 되고. 그래 가지고 거기에다 참나무를 좋고 단단하게 잘 말린 것으로 새끼손가락만큼이나 되게 깎아서 통 속 여기 저기에다 똑바로 세워. 그리고는 좋은 찰흙을 잘게 빻아서 채우면서 물을 안 주고 잘 두들겨. 찰흙이란 것은 바싹 말랐어도 물을 안 주고도 잘 다지면 촉

촉해지는 것이다. 그렇게 해서 통을 단단하게 채우면 나무를 떼어 내고 대나무를 쪼개서 새끼처럼 엮은 것으로 잘 감고 가운데에다가 중쇠[34]를 박는데 그것도 전부 참나무로 만들어. 그것이 토메다. 그것 하나 만들려도 공이 많이 드는 것이다.

■ 중쇠는 말이 쇠인데 참나무로 만들어요?

나도 모르겠다마는 분명히 참나무로 만들었어. 그래 가지고 그놈으로 나락을 찧는데, 하루 아침에 한 섬도 찧었다. 아 흥덕 매가리 같은 데에서도 토메로 찧었지. 줄포 삼양사에서도 큰 창고에다가 토메를 놓고 찧었거든. 그러면 현미가 나와. 그 현미를 기계에다가 다시 찧어. 그러면 백미가 나와. 처음에는 기계가 없었는데 왜놈들이 와서 기계가 생겨났어. 기계가 들어오기 전에는 현미를 일일이 메로 찧었어. 옛날에 우리 집에도 토메가 있었어. 그것 장만하는 데에도 나락 한 섬 주었다. 우리가 살림이 좀 좋아지니까 너희 작은 외숙이 '자네도 하나 있어야 쓰겄네' 해서 한 섬 주었든가 서른 말 주었든가 하고 샀어. 너 못 봤냐?

■ 본 기억이 있어요. 그러나 쓰는 것은 한 번도 못 봤어요. 그런데 물방아로 찧어도 현미밖에 안 나와요?

물방아는 막 찧어대니까 흰쌀이 나와. 그런데 물방아로 찧으려면 정말 톡톡 소리가 나게 말려야지 그렇지 않으면 다 바수어져버려. 하기는 메로 찧을 때는 더 잘 말려야 하고.

---

34) 맷돌의 윗짝과 아랫짝 한 가운데에 박는 쇠. 윗짝의 것은 암쇠라 하여 구멍이 뚫리고, 아랫짝의 것은 수쇠라고 하는데 뾰족하여 두 쇠를 맞추면 윗짝을 돌려도 빠지지 않는다.

아버지 어렸을 때는 머리를 땋고 다녔지요?

그렇지. 그런데 나는 성질이 삐뚤어졌는지 머리 꽁지 그것 보기 싫어서 못 땋게 했다. 머리를 땋아 주면 내가 막 불에 꼬실러버렸어. 머리를 잘 땋아 놓으면 불을 붙여도 대번에 확 타지 않는 것이다. 그리고 오골오골 해져서 빗지도 못해. 그러면 깎아버렸지. 그적에 용덕이라고 영기 아버지가 나하고 벗하는 사이였는데 장가는 일찍 갔다. 그 집에 기계가 있어서 거기서 깎았다. 그적에 머리 한 번 깎는데 1전씩 했어. 나중에는 그것도 2전 했다마는.

그밖에 또 무슨 일을 하셨어요?

내가 열 살이 훨씬 넘었을 때 같다마는 엿장사를 해볼까 한 적이 있다. 내가 왜 엿장사를 해볼까 하는 생각을 했는가 하면 한번은 동네 앞에 엿장사가 와서 가위를 치는데 기가 막히더라고. 꼭 꽹과리 치는 것 같이 절렁절렁 하는데 참 잘해. 가락이 참 좋아. 내가 암만 해 보려고 해도 안 돼. 내가 그전에도 엿장사가 오면 가위를 얻어가지고 조금씩 쳐봤거든. 그런데 어림도 없어. 그래서 엿장사를 해볼까 했던 것이지.

그래서 십리골이라고 줄포 가는 길인데 거기도 흥덕면이야, 거기를 갔어. 어째서 거기까지 갔는고 하면 용옥이라고 하는 사람이 있어. 그 사람이 상산 김가다. 그런데 그놈하고 손종철이가 십리골에서 엿장사를 하고 있었거든. 그래서 강술이한테 '우리도 가자' 해서 갔어. 이강술이라고 너는 모를 것이다. 나보다 두 살 덜 먹었어. 강술이 어머니가 상산 김씨 집안에 시집을 왔던가 보더라. 그 여자가 울산 김가라고 하는 말도 있었다마는 참말로 그런지 어쩐지는 모르겠고. 우리가 상골로 이사 왔을 때는 백윤이라고 연기동 양반 사촌인데, 그 사람하고 살더라. 그러니까 강술이 어머니가 상산 김가한테 시집을 왔다가 용옥이 용섭이 형제를 두고 상배(喪配)를 했는지 해서 아들이 둘이나 있는데도 불구하고 이성일이라고 하는 사람한테로 새로 시집을 가서 강술이를 낳았어. 그리고는 다시 백윤씨하고 살았어.

우리는 옛목판하고 둘러매는 띠 같은 것은 거기에서 그냥 다 주는 줄 알았어. 그런데 아이고, 목판 값하고 한 번 짊어질 것을 돈을 적립해야 한다는 것이야. 그래서 시방은 돈이 없으니까 벌어서 갚겠다고 했지. 그랬더니 그 사람이 '너그덜이' 우리들한테 다 '해라'를 하는데, '앙 것도 모르는 사람들이다. 다 그런다고 험서 짊어지고 도망히버리먼 나는 으쨓게 살 것이냐' 그런단 말이야. 대처나 가만히 생각해 보니 그렇거든. 그러니 어떻게 할 수가 있는가. 그래서 강술이하고 줄포로 갔지. 거기서 줄포가 십리인데 십리골로 해서 가면 좀 도는 폭이지. 안 돌기로 하면 차독배기로 해서 뒷개로 해서 가. 십리골로 해서 가면 빵빵 돌아. 그래서 줄포 가서 어떻게 했던가 점심을 먹고 왔어.

그리고는 집을 나갔어. 하루는 아버지가 자운영 이삭 주워오라고 하셨다. 뭣 하려고 그랬는지는 모르겠다마는 자운영 이삭을 주워오라는 거야. 세상에 자운영 이삭을 어떻게 줍겠냐. 그래서 그냥 아무데나 간다고 간 것이 벽사면 학교 모퉁이까지 갔어. 거기서 얼마나 울었든지⋯⋯ 하루 내내 울었어, 어떻게 기가 막히던지. 그러니까 그적에 나도 속이 다 들었던가 보더라. 그렇게 울다가 해 저물녘이 되었어. 점심도 못 먹고. 어떻게 할 수가 있는가. 그래서 장승백이로 나갔지. 장승백이는 사천 뒤다. 거기에 양주장도 있었어. 수뢰사라고. 거기 가서 '나좀 여그서 심바람을 험서 살게 좀 히주시요' 했더니는 안 된다네. 사람이 천지라는 것이여. 할 수 없이 밤에 집으로 왔지.

그리고 그날 밤에는 그냥 잤는데, 이튿날 아침에 아버지가 자운영 이삭을 얼마나 주워 왔냐 그것이야. 할 말 있냐? 바구니를 보니 빈 바구니만 자빠져 있는데. 그래서 아무 말도 않고 있었더니 그냥 목침을 나한테 내던져버리더라고.

■ 그것이 그러니까 언제였어요? 엿장수 한다고 십리골에 갔던 후의 일인가요?

아마 그렇지. 다 그 무렵이기는 한데 정확하게는 모르겠다. 벽사면에 학교 지을 때도 내가 가서 울력 하고 그랬다. 그 학교는 시방도 있다마는 시방은 신림초등학교다.

■ 울력을 나가면 품삯은 받았어요?

얘 봐라. 무슨 품삯을 받아? 품삯 안 받는 것을 울력이라고 하는 것이다. 품삯 받는 것은 울력이 아니야. 그때에 벽사면은 그놈의 울력 때문에 못 산다고 했어. 왜 그랬는가 하면 지금 흥덕에서 고창 내왕하는 신작로 그것이 다 벽사면 책임이었어. 장승백이로 해서 백송까지니까 그것이 얼마나 되냐? 그리고는 부안면으로 합쳐져서는 용산쪽으로 가는 해안선이 또 안 났냐, 그것을 다 벽사면에서 관리했어. 그래도 그 길은 훨씬 낫다. 아이고 그놈의 법지리 앞 신작로는 자갈 지러 다니느라고…… 그 길은 자갈 길이 멀어. 편월리 냇가에서 져 나르거든. 그러다가 편월리 자갈이 다 떨어지니까 망치로 큰 돌을 깼어.

■ 북선 가시기 전에 누에고치 판 돈을 가지고 가출도 하셨다면서요?

내가 무슨 고치 판 돈 갖고 집을 나가. 네 작은아버지가 그랬어.

그적에 작은아버지는 학교를 졸업하고 구고개 종철이네 집으로 서당을 좀 다녔다. 그적에는 우리도 좀 커서 일을 하고, 만수는 일을 못하니까 거기 가서 한문을 좀 배웠어. 그때가 한 열댓 살 되었을 것이다. 그때 누에를 쳐서 고치를 팔았어. 그것도 내가 팔았지 형님은 고치 한 번 팔러 안 갔어. 고치 팔러는 고창까지 가. 나중에는 흥덕에도 파는 데가 섰다마는 그때는 아직 없었어. 그래서 돈 10원이 생긴 것을 어머니가 어디다 두셨던가, 그것을 갖고 나가버렸어. 작은아버지는 소학교를 졸업했으니까 일본말을 할 줄 안 아냐. 그때는 조선어를 없애버리고 국어 쓴다고 했다, 일본어 쓰는 것을.

■ 김제 금판에 가신 일도 있었다면서요?

응, 갔어. 그러니까 그것이 아버지 돌아가시고 난 다음이다. 그러고 보니 엿장사 한다고 십리골 간 것도 아버지 돌아가신 뒤로구만. 금판에 간 것은 어떻게 갔는고 하니, 그때 형님 큰 처남 그 사람 이름이 내긴가 그런데 다리를 한쪽으로 좀 절뚝절뚝해. 그 사람이 우리집에 왔어. 그적에 장터에 방앗간이 생겼다. 그래서 거기서 싸래기 그것을 중절미(中絕米)라고도 하는데, 그것을 팔았다. 그런데 내기가 오니까 어머니가 돈 1원을 주면서 그것을 사오라고 하시더라. 왜 싸래기를 사오라고 했는가 하면 좋은 쌀은 비싸니까 못 사고 중절미라도 사다가 손님 대접을 하려고 했던 것이지.

그래서 돈 1원을 가지고는 당산 모퉁이를 돌아가다가 자루를 꾸깃꾸깃 해서 솔포기 밑에다 밀어 넣어버리고는 '에이 비러먹을 놈으 것 내가 이롷고 살아서 뭣 헐 것이냐' 하고는 그 길로 도망을 했지. 그적에 집에 손님까지 왔으니까 점심 대접하려고 어디서 꾸어서 온 것이었을 테지만. 그래도 그냥 어떤 놈한테 쫓겨 가는 놈 모양으로 그냥 다름박질을 해서 갔어, 사뭇 한없이. 장터 지나서 차독배기도 지내서. 상골에서 김제 읍내까지가 60리가 멀다. 그런 데를 아직 한참 때도 안 되었을 때니까 뛰어서 갔댔자 저녁때가 거의 다 되었어.

거기서 돈 1원 갖고 뭣을 할꺼나 하고 가만히 생각해 보았지. 처음에는 양잿물 장사나 해볼까 했어. 양잿물 장사를 하려면 양철곽, 끌, 망치를 사야 한다. 왜 그런고 하니 점방에서 양잿물을 사다가 길쭉한 끌을 대고 망치로 그것을 쪼개야 하거든. 그래 가지고 1전 2전씩 팔아. 빨래 한 번 삶으려면 그놈이면 돼. 양잿물이 처음 나왔을 때는 단단하기가 꼭 돌덩어리 같다. 그것도 못 사는 사람은 메밀대 태운 재를 받아서 시루에 담아서 물로 내려서 그것으로 빨래 삶고 그랬거든. 그것이 잿물 말하자면 한(韓)잿물이다. 이것은 양잿물이고.

잿물을 받으려면 아무 재나 다 되나요?

아니. 콩대 재, 메밀대 재, 짚 재 같은 것만 썼어. 다른 것은 독한 물이 안 나오는가 보더라. 그러니까 그런 것으로 받았어. 그놈으로 빨래를 삶다가 양잿물이 나오니까 1전이나 2전, 많이 사는 사람은 5전 어치 샀다. 그 정도면 웬만한 빨래는 다 삶았어. 장돌림으로 다니는 것을 보면 '양잿물 사씨요, 승냥 사씨요' 하고 외치고 다녀. 양잿물 장사가 성냥도 갖고 다니거든. 각성냥[35]도 가지고 다니고 통성냥도 가지고 다니고. 그놈을 짊어지고 육장이라고, 오일장은 돌아가면서 한 달에 여섯 번 안 서냐, 그래서 육장이거든. 육장을 집에도 안 가고 뱅뱅 돌아다녀. 그래서 장돌뱅이다. 밥은 벌어 먹는가, 그래도 벌이가 되는지 꼬마동이들도 그러는 것을 내가 보았으니까.

그래서 그것이나 할까 했어. 지금 품에는 돈 1원밖에는 아무 것도

35) 네모난 작은 통에 담은 성냥을 '각성냥', 그보다 큰 통에 들어 있는 것은 '통성냥'이라고 하였다.

없거든. 맨몸뚱이에다 옷은 어떻게 입었는지 생각이 안 난다만. 60리가 넘는 김제 읍내를 갔으니까 해는 금방 넘어가 버리고 땅거미가 들어 어둠침침해지고. 가만 생각해 보니까 이것 큰 야단이 났단 말이야. 김제까지 갔으니 멀리 간 것 아니냐. 그전에 영광 외가에 가보기도 하고 장성도 가보았지마는 장성도 40리밖에 안 되거든. 거기다가 김제는 어떻든지 생판 모르는 데고. 생각해 보니 큰일이 났단 말이야.

그래서 길가에 서서 어떻게 할까 하고 있는데 어디서 바지게를 올린 지게를 진 사람 수십 명이 신작로가 빽빽하게 와. 해는 다 넘어갔는데. 그래서 어디서 오는 사람들이냐고 물어보았더니 금판에서 온다는 거야. 왜 오느냐고 물었더니 돈벌이가 안 돼서 못 살게 생겨서 온다고 하네. 그래서 금판에서 일을 하려면 어떻게 하면 되느냐고 물었더니 금판에 가서 밥쟁이한테 일을 하겠다고 하면 된다고 하더라. 돈이 한 푼 없어도 일을 한다고 하면 밥쟁이가 밥은 준다고.

그래서 옳다 되었다 하고는 금판은 어디로 가느냐고 물었더니 시방 지게를 지고 오는 길로 거슬러서 한없이 가라고 그러더라. 그래서 그 사람들 오는 길 가장자리로 강둑을 따라서 갔지. 날은 이미 깜깜해져버렸어. 얼마만큼 갔더니 이제는 오는 사람도 다 떨어져버렸네. 그래도 나 혼자 가지. 한참을 갔더니 길가에 샘이 있는데, 노깡 샘이더만, 거기에 사람 몇이 앉아 있어. 그 옆에 집도 한 채 있고. 거기가 밥쟁이 집이야. 거기가 '월천강'[36]이라고 하는 내인데 거기서 금을 캤어.

---

36) 아버지의 기억에 착오가 있는지 김제에 '월천강'이라는 이름의 내는 없고, 금은 '원평천'에서 일었다.

내가 '지내가는 사람인디 여그 금판으서 일을 헐 수가 있소?' 하고 물었더니, 저리 들어가서 말해 보라고 하더라. 그러니까 그 사람들은 집으로 안 가고 일을 하는 사람들인데 저녁 먹고 나와서 씻고 있던 것이지. 그래서 내가 집안으로 들어가서 나 일 좀 해볼까 해서 왔다고 했더니 들어오라고 하더라. 그래서 안으로 들어갔지.

들어갔더니 조밥, 그 조가 우리 조가 아니다. 저 북선서 왔는가 만주서 왔는가, 모조밥인데 양재기로 수북하게 담아주네. 그런데 당최 먹을 수가 없어. 다 식어서 딴딴해져가지고. 원래 조밥은 그러는 것이다. 조금 먹고는 다 먹었다고 내놓아버렸지. 그리고는 그날 저녁에 거기서 잤지. 그때까지 집에서 갖고 나온 1원은 아직도 그대로 있어. 맨몸뚱아리에 그것밖에는 아무 것도 없지마는. 그래서 밖으로 나와서 그놈을 잘 간수를 했지.

그렇게 어떻게 자고 났는데 그 이튿날 아 이놈의 날이 궂어버리네. 날이 좋아야 일을 할 텐데. 그래도 별 수가 있는가. 그 집은 함바라고 별스럽게 생긴 집구석인데 일하는 사람이 한 7~8명 되더라만, 비가 오니까 일 나갈 채비도 않고 다 놀아. 그런데 점심 때가 되니까 어떤 사람은 점심을 주고 어떤 사람은 안 주어. 그래서 물어보았더니 '상돈' 있는 사람만 점심을 준다네.

'상돈'이란 것은 거기에서 일 해서 벌어놓은 돈을 말하거든. 그런데에서는 날마다 품삯을 돈으로 주는 것이 아니라 일을 하면 그날그날의 삯을 전표로 주어. 그것도 일꾼들한테 직접 주는 것이 아니라 밥쟁이한테 주어. 날마다 일이 끝날 때쯤 해서 밥쟁이가 일본말로 '후다'라고 하는 일 했다는 표를 받아 와. 그것이 전표야. 그것을 밥쟁이가 회사에서 자기네 집에 있는 일꾼들 것을 받아 온단 말이야. 그래서 밤에 함바에 돌아오면 가령 '김헌수는 얼마', '아무개는 얼마' 하고 불러주어. 그러니까 일꾼들은 다 자기 돈이 얼마인가 하고 암산으로 머릿속에 담고 있을 터이지마는 전표는 구경도 못해. 그래 가지고 보름 계산이면 보름, 한 달 계산이면 한 달에 한 번씩 간조를 해. 계산을 한다 그 말이야. 그러니까 계산하는 날까지는 일한 사람은 돈을 쓸래야 쓸 수가 없어. 그것이 상돈이야. 그러니까 말하자면 맡겨놓은 돈이지. 그런데 그 돈이 없는 사람은 점심을 안 준단 말이야.

그러니까 비가 와서 점심은 굶고, 저녁은 주더만. 그래서 저녁은 먹었지. 그러니까 세 끼니 안 먹었냐. 간 날 저녁하고 다음 날 아침, 저녁까지. 그 다음 날 아침이 되니까 한참 자고 있는데 일찌감치 깨우더라. 왜 그러느냐고 물었더니 일 나가야 한다고 그래. 그래서 나도 따라 나갔지. 아무 것도 모르고 건성으로 따라나갔어. 그랬더니 어떤 사람이 꼭 개 목에다 거는 것만이나 한 표를 갖고 다니면서 끈을 달아서 하나씩 주더라. 그 사람이 밥쟁이야. 주면서 나보고 이놈

갖고 어떤 사람을 따라 가라고 그러더라. 그러면 일을 할 수가 있다고. 그러니까 그날 저녁에 나는 밥쟁이가 어떻게 생겼는지도 모르고 그럭저럭 지냈는데 밥쟁이는 아침 일찌감치 회사에 나갔던가 보더라. 나가서 그것을 타온 것이지.

그래서 따라갔지. 갔더니 어떤 사람이 나보고 구루마질 할 줄 아느냐고 물어. 그 사람이 십장이던가 보더라. 그때까지 나는 십장이 무엇인지도 몰랐다. 그래서 할 줄 안다고 그랬지. 그랬는데 실상 나는 소가 끌고 다니는 구루마인 줄 알았어. 그런데 가서 보니까 그것이 아니고 '도로꼬'라고 기차 철로 놓듯이 철길을 놓고 밀고 다니는 철구루마네. 그래서 이것은 할 줄 모른다고 했지.

그래서 구루마를 못 끌고 다른 일을 하게 되었어. 거기는 삽으로 흙을 파는 데인데 삽이라고 날이 조그만밖에 안 해. 그래도 자루는 길더라. 그놈 가지고 고랑 안으로 들어가서 흙을 파서 위로 던지라고 그래. 그것이 무슨 일인고 하니 새로 도랑을 내는 것이야. 그러니까 가령 여기서 금을 파려고 하면 물길을 돌려야 할 것 아니냐. 그러느라고 그 옆으로 도랑을 파는 거야.

그러면 금을 일던 데는 월천강가 모래밭이네요?

모르겠다. 강가인지 그 옆의 논인지 기억이 잘 안 난다. 그런데 그 도랑 안으로 들어갔더니 아이고 이놈의 흙이 찐득찐득하더라고. 그래서 삽이 그렇게 조그맣던가 보더라. 그놈을 가지고 흙을 파서 위로 내던지는데 근력 센 사람들은 상당히 멀리까지 쏘더라. 그것도 요령이 있어야 안 하냐. 그런데 그것을 이런 보통 삽 가지고 하면 날이 너무 커서 절대 안 돼. 또 자루가 길어야 돼. 그놈을 멀찌감치 잡고 조금만치 떠서 휙 쏘면 쏙 빠져 나가거든.

그리고는 저녁에 왔더니 일당이 25전이라고 하네. 30전 한 사람도 있는데 그 사람들은 일을 잘 하는 어른들이고, 나는 아직 나이가 어리니까 25전. 그렇겠다고 하고 돈은 구경도 못했지. 그리고 밥 먹고 잤지. 그 다음 날은 아침도 안 먹고 새벽에 나갔어. 그러니까 해도 뜨기 전에 어둠침침할 적에 나갔어. 그리고는 밥쟁이가 표 타서 나누어주고는 아침밥을 일판으로 내다 주네. 들판에서 모심는 사람들 같이, 그 누런 놈의 조밥을. 그래서 또 25전.

그 이튿날 또 일을 나갔어. 나가서 도랑 내는 일을 또 했어. 그런데 그날은 아침나절에 일을 하고 나니까 일이 끝나버렸네. 밥쟁이는 그럴 줄 모르고 오전에 안 나왔는데. 그래서 한나절 표, 그것이 20전짜린데 표를 내가 직접 받았어. 하루 일한 것은 25전 받았는데 밥쟁이가 가져갔고. 그리고는 저녁때는 다른 일을 해야 하는데, 십장인지가 오늘은 다른 일을 못하겠으니까 내일 와서 다른 일을 하라고 그런단 말이야.

그래서 그놈을 받아가지고 가만히 생각해 보니까 회계가 틀려. 죽겠다고 일을 해야 하루 25전씩을 받는데, 밥값이 얼마씩이냐 하면 한 끼니에 11전이야. 쌀은 하나도 안 든 조밥 한 그릇에. 나는 잘 먹지도 못하겠더라마는. 세 끼니 먹으면 벌써 33전이 아니냐. 그러니까 하루에 세 끼니를 먹는다고 하면 33전, 하루에 8전씩이 모자라. 그런데 밥은 몇 끼니를 먹었는가 하면 가던 날 저녁, 그 이튿날 아침, 그날 저녁, 또 그 이튿날 그러니까 일 나간 날 아침, 그날 저녁, 다섯 끼니를 먹었어. 계산이 안 맞는다 그 말이야.

그래서 둘레둘레 사방을 보았더니 마침 밥쟁이가 없어. 사흘째 지났으니까 이제는 얼굴도 다 알아. 그래서 '에이 비러먹을 놈으 것 안 되겄다' 하고는 도망을 치기로 했어. 그런데 그러려면 20전짜리 표를 돈으로 바꾸어야 할 것 아니냐. 누구한테서 바꾸는고 하니 일터 옆에는 장사하는 사람들이 많아. 떡 장사, 번데기 장사…… 천지지. 떡장사도 쑥떡이나 개떡을 동글동글하게 만들어서 1전씩 받아. 1전어치면 번데기도 많이 주어. 그런데 5전을 깎는다고 그러네. 그까짓 돈 20전짜리 하나 급해서 바꾸려고 하는데 5전이나 깎느냐고 하면서 안 깎으면 안 되냐고 해도 할인 않고는 못 바꾸어. 그래서 하는 수 없이 번데기를 샀어. 1전어치만 달라고 할 것을 5전어치나 달라고 했더니 이렇게 많이 주어. 그리고는 돈 십오 전을 받았어.

그러니까 내 몸에 집 나올 적에 가지고 온 1원허고 15전이 있어. 첫날 일한 것은 밥쟁이가 가져가버렸으니까 쓸 데가 없고. '에이 빌어먹을 것. 가다 잽히면 도로 끌려 와서 맞던지 말던지. 이릏게 된 마당에 매 좀 맞는 것이 상관있냐?' 하고는 김제로 막 뛰었지. 그적에는 막다른 골목이거든. 그러니까 통이 커져. 거기서 김제 읍내가 십 린가 시오 린가 되는데 읍내에 갈 때까지 안 잡혔어. 김제 읍내 오니까 또 해 저물녘이 되어버렸네. 그럴 것 아니냐, 오전 일을 했으니까. 그러고도 한나절 품삯을 20전이나 받았으니까 실상은 오전 일이 좀 늦었던가 보더라. 돈은 1원 15전이 시방 주머니 안에 있어. 그런데 가던 날 저녁에 밥쟁이가 수건 하나를 주더만. 그래서 그놈을 한 번도 쓰지 않고 허리에 찔러놓고 있었어. 그런데 생각을 해보니까 누가 봐도 금판에서 온 것을 알겠더라고.

그러거나 말거나 김제 읍내로 도망을 쳐서 그럭저럭 저녁 먹을 때가 됐어. 이놈의 것을 어떻게 할까 암만 생각해도 안 되게 생겼어. 그래서 줄포 가는 길을 물어서 조금 가다가 결국에는 주막에 들어가서 잤어. 거기는 '선들'이라고 하는 동네다. 입석(立石)리. 내가 선들을 어떻게 안 잊어버리는고 하면 구구개 두만이 어머니가 선들댁이거든. 내가 두만이 아버지는 몰라도 선들댁은 알아. '아아, 여그서 시집와서 선들댁이라고 허는구나' 하고 알았지. 거기 주막에서 하룻밤을 잤지. 점심은 굶어버리고.

거기서 저녁 먹고 하룻밤 자고 아침밥까지 먹고 얼마냐고 했더니 25전이라고 하더라. 별 수 있냐, 25전을 주었지. 그러니까 1원짜리가 깨져버렸어. 90전밖에 안 남았어. 그리고는 줄포로 막 내달렸지. 김제에서 줄포까지는 아무리 해도 한 오십 리가 되는데, 거기를 걸어오니까 배가 고파. 그래서 떡장사한테 가서 수건을 줄테니까 떡 몇 개만 달라고 했어. 그랬더니 '어디서 도둑질히 와갖고 그러냐'고 하면서 안 주네. 새 수건이거든. 그래도 안 주어. 한 두 개만 달라고 해도. 아 이런 놈의 꼴이 있는가. 몇 사람한테 달라고 해 보아도 안 주어. 그래도 돈을 주고는 안 사먹었다. 그러면 그만 두라고 하고는 집으로 안 와버렸냐. 김제에서 집까지 오는 길은 줄포를 거치지 않는 것이 더 가깝거든. 그런데 왜 줄포로 돌았는지는 모르겠어. 집에 왔더니 어머니가 '아이고, 니가 안 죽고 살아 왔고나' 하면서 막 우시더라. 나도 펙펙 울었다. 그리고 돈 90전은 어머니한테 도로 드렸다.

북선의 일판

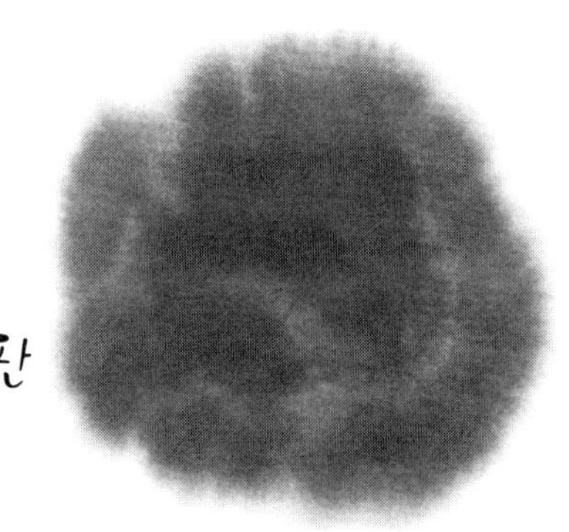

■ 북한에 가서 일도 하셨다면서요?

그랬지. 그런데 그적에는 북선(北鮮)이라고 했다.

■ 그러면 북선은 금판 일 이후 바로 가셨어요?

아니. 그러고도 얼마 동안 집에 있었어. 북선 간 것은 그 일 있고 나서도 솔찬히 지나서지. 그때가 언젠지 잘은 기억 못하겠다마는 어떻든지 설 쇠고 정월달이었어. 내가 탑쇠한테 그랬어.

'너 이렇게 살 것이 아니라 나랑 같이 북선으로 돈 벌러나 가자.'

그때 탑쇠는 벌써 장가를 갔어. 울령동이라고 하는 데가 성내면인지 고수면인지는 잘 모르겠다마는. 그랬더니 북선이 어디냐고 묻네. '북선이 아 저 우리나라 북선이다. 그렇게 암시랑토 않응게 돈이나

벌로 가자.'

그랬더니 탑쇠도 가자고 하더라. 그래서 하루 아침에 구고개 백수씨네 집에 갔어. 그적에 백수가 구장이었어. 와룡리 반계 상하촌까지 다 합쳐서 구장이 하나였어. 그 전에는 영화씨라고 그 이가 구장이었지. 내가 신림면 울력 댕기고 할 때는 영화씨 그 양반이 구장을 했지. 그 뒤에 백수가 했어. 아직 날도 다 안 새서 어둠침침한 꼭두새벽에 백수네 집에를 갔단 말이야. 백수네 집도 오막살이야. 꼭 상골 오봉이네 집같이 생겼어. 아니 오히려 그만도 못한 집에서 살았어. 가서 그랬지.

'우리 모집(募集) 조까 갈라요.'

'아이고 니까진 것들이 무신 놈으 모집을 가야? 씰 디 없는 소리 말고 집이들 가라.'

'다른 사람은 다 가는디 나는 왜 못가요?'

'가면 죽는 디여. 그리도 갈래? 그러고 너그 어머니한티 그런 소리 힜냐?'

'아이고 그런 꺽정은 말고 신입(新入)을 히주시요.'

그러니까 할 수 없었지.

'또 충렬이는?'

'나도 갈라오.'

하고 나왔지. 그러니 할 수 있냐 '이놈들 봐라' 하더니 공책을 내놓고 이름을 쓰고는 도장을 내놓으라고 하더라. 우리가 도장이 어디가 있어. 그런데 그적에 백수가 10전씩 받고 도장을 파주었어.

'아자씨가 도장을 판담서요? 내가 내일 돈 갖다 드리께 상수리든지 뭐이든지 파서 찍으시요.'

그러니까 그렇게 하겠다고 하면서 올라가라고 하더라. 그래서 올라왔지.

그것은 아무도 모르게 탑쇠하고 둘이서만 했는데 어떻게 된 것인지 발설이 되었어. 다른 신청한 사람들 소문도 나고. 그래서 돌아다니면서 알아봤어, 어떤 작자들이 가는가 하고. 그랬더니 용산동 유용덕이라는 사람이 간다네. 나하고는 수인사도 않은 사람인데. 더군다나 반장으로 간다고 설치고 다니더라고. 수인사는 없어도 누군지는 알지. 용덕이가 꼭 내 키만이나 하다. 몸이 통통해가지고 따글따글하게 야무지게 생겼어. 얼금얼금 얽기까지 해가지고. 그러고도 많아. 또 최팔균이라고 너는 모르지? 그적에 용산동 구장을 했는데 그 사람도 가고. 또 삼덕이라고 하는 이도 가고. 그리고 수남 이형기라는 사람이 있는데 그적까지 그렇게 가까운 데 살면서도 한 번 보지도 못했다마는 나중에 보니까 키도 훌쩍 크고 막일은 안 할 사람 같더만. 그런 사람도 가고.

그리고는 가는 날이 정월 그믐날인데 그날만 기다렸지. 참말로 손가락 꼽아가면서 기다렸어. 그러니까 신청하고 보름도 더 지나서 가는 것이지. 정월 초승에 신청하고 그믐날 갔으니까. 그런데 발설이 되니까 어머니가 늘 말려. 형님도 말리고. 그래도 안 된다고 했어.

'나는 한번 먹은 맘은 그대로 히요. 그러고 이렇게 살아서 뭇 헐 것이요.'

'가면 죽는다는디 어떻게 갈라고 그러냐?'

'아이 그리도 간당게요.'

하고 나오니 별 수 있냐. 결국 가게 되었지. 가는 날 아침에 탑쇠하고 같이 알미 장터에를 갔는데, 아침 새참 때가 훨씬 넘어서야 흥덕 쪽에서 트럭 한 대가 오더만. 오더니 이것이 모집 가는 차라고 하더라. 그래서 올라탔더니 바닥에다 짚을 깔아 놓았더라. 그래서 아무에게도 안 보이게 하려고 바닥에 드러누었어. 얼마만큼 있으니까 이제 사람들이 많이 탔는데 누가 누워 있는 사람을 자꾸 잡아당겨. 그래서 보았더니 경환씨더라. 그적에 경환씨가 면에 회곈가 그랬는데, 날더러 내리라는 거야. 그래서 내렸더니 면사무소로 데리고 가더라.

'너 뭣 헐라고 거가 누었냐?'

'나 모집 갈라고 그러요.'

그랬더니 돈 5원 짜리, 그때 1원도 큰 돈이었다, 5원은 나락 한 가마니 값이고. 그놈을 나 주면서 집으로 가라는 거야.

'왜 나를 주요? 그러고 나중에 이 돈 안 받어 갈라오? 나 이것 갖고는 못살아요. 긍게 그 돈 늫고, 나 모집 갈랑게 말기지 마세요.'

'느그 어머니가 당장 올려 보내라고 허는디.'

'안 되야요. 나 돈 5원 갖고 살덜 못히요. 그것도 나중에는 갚어야 허는디 어디서 나서 그것을 갚을 것이요? 그렁게 내비 두고 말기지 마세요.'

그리고는 다시 차에 탔지. 그런데 탑쇠가 그것을 알고 생각을 해보았는지 그러더라.

'우리 가지 말세.'

'아니 너는 가기 싫으면 가지 마라. 그러고 나 그 돈 도로 주어버렸다.'

'아이고, 나 같으면 그 돈 갖고 안 가겄고만.'

'너는 가기 싫으면 가지 말어.'

그리고는 대꾸도 안 했지. 그러니까 탑쇠도 그냥 내 옆에 다시 앉았지. 조금 있으니까 구고개 정푼이 몽치 봉술이 그것들이 오네. 그것들이 그적에 먹방골 살았거든. 뭣 하러 왔냐고 물었더니 자기네도 모집간다고 하더라. 그래서 같이 갔다. 가면서는 정읍까지 가서 기차를 탔는데 그 기차에는 모집 인부만 타고 승무원이 하나나 있을까, 한 명도 없어. 우리들이 차에 다 타고 나니까 밖에서 차 문을 딱 잠궈버리더라. 그러니까 창문은 안 가렸지마는 창문으로 뛰어내리지는 하게 생겼어. 뛰어 내리면 제가 죽지 살겠냐. '그런갑다' 하고 말았지. 아따! 그런데 가만 보았더니 이놈들이 그 속에서 노름을 하느라고 정신들이 없네. 모집 가는 사람들이.

■ 돈이 어디 있어서요?

그거야 모르지. 가져 왔을 테지. 어떻든 정신들이 없어.

그 기차는 정기 기차가 지나가고 난 공간에만 가는 차였던가 보더라. 만 사흘 걸렸다, 함경남도 단천까지. 밤낮 사흘이 걸렸어. 그 기찻길이 청진 성진 나진까지 가는 그 찻길인데 우리는 단천에서 내렸지. 내린 시간이 오후 한 두 시 근방이나 되었는가 세 시 근방이나 되었는가 해서 기차에서 내렸는데, 아따! 그냥 자꾸 가네. 차에서 내려 놨는데도 막 가는 것만 같아. 멀미는 하나도 안 했어도, 사흘간을 차 속에서 바깥에 한 번을 못 나가 놓았으니…… 꼭 시방도 흔들흔들 흔들리면서 가는 것만 같아. 그동안 용변은 어떻게 했는지도 모르겠고. 찻간에 있었을 테지.

■ 기차 안에서는 밥을 어떻게 하셨어요?

모집해 가는 인부들이니까 주었어.

■ 무슨 밥이었어요? 쌀밥이었어요?

잡곡은 아니었지. 아니 잘 모르겠다. 기억이 안 나. 그런데 차에서 내리니까 냉면이라고 하면서 한 그릇을 주는데 못 먹겠어. 시방 냉면이라는 것을 먹어보면 먹을 만하잖냐. 그런데 이것은 무슨 냄샌지 냄새 때문에 먹지를 못 하겠어. 먹으면 큰일 날 것 같아. 그래서 안 먹고 말아 버렸지.

그리고 해가 저물 때가 되어서 다시 용원이라고 단천군 수하면으로 갔지. 거기로 가는데도 또 기차를 탔어. 그런데 이 기차는 지붕도 없이 바닥에 판자만 깔아 놓았어. 그러니까 목재 실으려고 양쪽에다 기둥을 세우고 판자를 댄 그런 기차를 타고 갔어. 얼마나 추울 것이냐, 정월인데. 그런 놈의 차에다 모집 인부를 빽빽하게 실어놓았으니…… 안 죽으려고 끌려간 것이지, 꼼짝 못 하고. 아따! 그적에는 '내가 무단시 왔는갑다' 하는 생각이 들더라. 그래 가지고 단천군 수하면 용원리에 가서 캄캄한 밤에 내렸지. 어딘지도 모르고 앉아 있다가 내리라고 해서 꼭 목맨 강아지 모양으로 밤에 내렸어. 그래 가지고 어떤 놈의 집구석으로 들어갔어.

거기서부터는 우리는 용덕이만 따라 다녀 그사람이 반장이니까. 그런데 용덕이는 또 용덕이대로 단천에서 내릴 때부터 하사가미라고 일판 왔던 왜놈인데 그 사람만 따라가. 그래서 그 사람을 따라서 그날로 바로 현장으로 갔어. 저녁 먹을 시간도 훨씬 지나고 밤중쯤 되어서 현장이 있는 숙소까지 왔어. 그 집은 삼간인데 괜찮더만. 그리고 겹집이지. 상골 집이 삼간 아니냐. 그만이나 한데 훨씬 높고 더 낫게 지었어. 방도 크고.

그 집으로 43명이 갔어. 용덕이 식구 빼고 43명. 그적에 용덕이는 여편네가 둘이다. 큰 마누라가 소내 댁이라고 줄포 쪽에 소내라고 하는 데가 있거든, 거기서 얻어 왔어. 거기는 유간데 얌전했다. 작은 마누라는 모르겠고. 그러니까 다 합쳐서 46명이지.

아니, 일하러 가면서 작은 마누라까지 데리고 갔단 말씀인가요?

그렇지.

밤중이 다 되어서 저녁을 먹는데 아따! 양재기에다 순전히 하얀 쌀밥을 한 그릇씩 주네. 그놈을 먹고는 여기서 다 자는 것이 아니라 잘 데로 간다는 것이야. 용덕이가 누구 누구는 여기서 자고, 딴 데로 갈 사람은 가야 한다고 하는데 나는 다른 데로 가야 한다고 하네. 갔지.

가서 보았더니 거기는 정말 함바(飯場)집이네. 집도 빌어먹게 생겼는 데다가 흙도 제대로 못 바르고 도배는커녕 종이때기 하나 구경도 못 하고. 벽도 다 떨어지고…… 새로 지은 함반데 합벽도 안 했는지 훤하게 밖이 비치고. 아랫목은 갈 자린가 뭣인가를 깔았는데 다 탔어. 그런 데다 데려다 놓더라고. 그러니 아랫목에서 자려니 바닥이 다 타서 맨땅이고, 웃목에서 자자니 이것은 또 삼천 냉골이네. 그러니 어떻게 살아. 걱정스럽더만. 그래도 별 수 있냐. 그럭저럭 잤어.

첫날은 일을 안 했어. 남선서 여기까지 왔는데 어떻게 첫날부터 일을 하겠느냐고 그러면서 쉬라고 하더라. 그래서 하루 쉬고 이튿날부터 일을 했어. 일을 하는데 왜 미나리 캐는 사람들이 신는 장화 안 있냐, 그것같이 허리까지 올라오는 것을 다 갖다 주어, 황새괭이하고. 그리고는 따라 오라고 하더라. 갔더니 그놈의 냇가가 얼마나 얼어붙었는가, 그것을 파라고 하더라. 왜 그러는가 하면 그전에 철길을 놓았어. 그래 가지고 아직 정기적으로 사람 싣고 다니는 기차는 안 다녔어도 화물차는 다녔어. 그런데 그것이 큰물에 다 떠내려 가버렸어. 그래서 그것을 고치는 거야. 그러자니 얼음을 파내야 할 것 아니냐.

그런데 전날 파놓은 것을 보았더니 한 길이 넘어 얼음이. 그렇게 팠는데도 또 파고 들어가라네. 그래도 맨 얼음이여. 그런 데를 파자니 추워서 일을 할 수가 있는가. 처음에는 아무렇지도 않더니 조금 지나니까 발도 시리고, 몸도 춥고. 당최 괭이 자루를 잡겠어.

그런데 철교 건너편은 첩첩 산인데, 소나무는 하나도 없고 순전히 잡목인데 싸리가 많더만. 그리고는 참나무. 그래서 다들 우우 하고 산으로 달려들어서는 산 나무 죽은 나무를 가리지 않고 황새곡괭이로 찍어다가 냇가에다 쌓아놓고 불을 질렀어. 큰 공사판이라 석유도 있었어. 그것까지 끼얹어서. 그리고는 불을 쪼였어. 그러니까 따뜻한 것이 이제야 살겠더라고. 그러니까 이제는 일을 한다고 하는 것이 불쬐기가 일이네.

그런데 불을 쬐면서 가만히 보았더니 거기도 구루마질을 하는 사람이 있어. 그런데 그 사람들은 우리 방 사람들이 아니더만. 그 구루마도 김제 금판에서 본 것과 같은 거야. 기찻길이 양쪽에 있는데, 그 가운데로 조르르 구루마 철길을 놓았더라고. 그런데 참 좋아. 안전해 보인단 말이야. 거기다가 우리는 얼음 속에서 발 시려 죽겠는데 아 이놈들은 노래를 부르면서…… 영판 좋아 보이더라고.

그날 저녁에 용덕이가 전표를 다 떼어 왔는데 90전이더라. 그해가 저 창안골 저수지 막던 해다. 그런데 거기에서 고부 양반은 1원도 받고 70전도 받고 하면서 일을 했어. 나도 하루 가서 일을 해 보았다. 등이 벗겨지게 일을 했는데 60전 주더라. 그런데 첫날 일을 하니까 90전이란 말이야. 그러니까 저수지 일보다 30전은 더 받었어도, '아이고 내가 이 30전 더 받을라고 여그까지 왔는가……' 하고 생각하니까 '잘못 왔는가보다' 하는 생각이 들더라고. 그래도 별 수 있냐.

그 이튿날 또 일을 갔더니 십장이 구루마질 할 줄 아는 사람 있으면 나오라고 하더라. 구루마질을 하면 10전을 더 준다고 하면서. 그 십장이 최가다. 그런데 첫날 구루마질 하는 것을 보았거든. 그래서 내가 안다고 하면서 나갔어. 그랬더니 탑쇠도 따라 나왔네. 탑쇠는 꼭 내가 하는 대로 따라서 했어. 그래서 구루마간으로 갔어.

가보았더니, '어마, 뜨거라!' 꼭 요렇게 비탈이 급하게 진 데다가 철길을 놓고 구루마로 돌을 실어 내려서 축대를 쌓아서 철길을 놓는 거야. 그 길이 어떻게 생겼는고 하니 비탈을 내려와서는 고바이(커브)를 돌아 나오면 바로 평지인데 거기에서 구루마를 젖혀서 짐을 부려. 그것을 칫대(지렛대) 구루마라고 하는 것인데, 이것이 시방 구루마가 아니다. 구루마 뒤에 발판을 만들어서 거기 타. 바닥에는 판자를 깔고 상자를 만들어 올렸어. 그것이 짐칸이지. 그리고는 바퀴 뒤쪽에다 구멍을 뚫고 거기에다 단단한 참나무를 끼워. 그것이 칫대지. 그것은 튼튼한 참나무 몽둥이로 만들어.

돌을 싣고 구루마가 내려갈 적에는 기차보다도 빠르다. 쌩 하고 쏘듯이 내려가. 거기다가 내려갈수록 더 빨라지지. 그러면 칫대를 둘이 죽을 힘을 다 해서 앞으로 잡아당겨. 참나무 몽둥이라 아무리 해도 부러질 염려는 없어. 그러면 그것이 바퀴 네 개에 브레이크 구실을 해. 그렇게 비탈진 데를 내려오는데. 그래도 겁나게 빨라. 그렇게 내려와서는 고바이를 휙 감고 돌면 평지야. 구부러진 거기만 벗어나면 안심해도 좋아. 이때부터는 칫대는 쓸 데 없어. 그런데 휙 도는 이것이 문제야. 평지에 오면 칫대를 잡고 버티면서도 둘이 힘을 다 해서 몸을 고바이 안쪽으로 돌려. 그러면 반대쪽으로 구루마가 젖혀져. 그러면 싣고 온 돌이 쏟아져. 그렇게 운전을 해. 기차 운전은 참 쉽다. 아무 것도 안 하고 그대로 놔두어도 기차가 저절로 가. 내가 구루마질 하면서 봤어. 거기에다 대면 구루마는…… 그러니까 어저께 보았던 것은 실상은 위에서 짐을 싣고 내려 온 놈들이 짐을 부리고 돌아가면서 편안하게 노래도 부르면서 갔던 것이지. 그러니까 그놈들이 그 일에는 이골이 난 놈들이었어.

거기서 사람도 안 죽었냐. 휙 돌아가는 데서 잘못 해서 구루마에서 떨어지면 워낙 빠르게 달려 내려오면서 도니까 바깥쪽으로 떨어져. 그러면 구루마가 그대로 내달리면서 싣고 간 돌덩어리를 그 사람한테 확 쏟아버려. 그러면 꼼짝 못 하고 그 자리에서 직사해. 그렇게 해서 사람 죽는 것도 봤다. 우리는 요령이 생겨서 안 엎어지고 구루마질이 끝날 때까지 했다마는.

처음에 구루마질을 하러 갔더니 실어주는 사람들이 한 구루마를 실어주더라. 그런데 한 구루마를 부리고 났더니, 아따! 다리가 어디 남의 개 잡아먹으면 그렇게 떨릴 것이냐. 구루마는 수십 대인데 온 순서대로 앞에 온 사람부터 짐을 부리고 가야 뒷차가 오거든. 그런데 오고 가는 놈이 따로 있는 쌍철[37]같으면 좀 낫지마는 외철이니까 착착 돌아가지 않으면 안 돼. 그런데 한 짐 부리고 나니까 영 못 하겠어. 그래서 짐을 부리고는 앉아서 퍼져 있었어. 탑쇠도 옆에 앉아 있는데 얼굴이 새파래져서 꼭 송장 꼴을 해가지고는 막 떠네. 그러니 어떻게 일을 하겠냐.

그렇게 앉아 있으니 일이 전체가 돌아가지를 못한단 말이야. 그러니까 최가가 왔어. 그적에 탑쇠는 바깥쪽에 앉고 나는 안에 앉아 있었어. 탑쇠가 최가보고 '아이고 나 구루마질 못허것소. 얼음 파로 갈라오' 그랬어. 그러니까 아따 최가가 그냥 아무 말도 않고 느닷없이 탑쇠 귀싸대기를 한 대 야물게 부쳐대네. 나는 안에 있어서 맞지는 않았지만.

그러더니 옆에 앉더라. 쭈구리고 앉더니 '느그들이', 대번 느그들이라고 하더라, '시방 느그들 맘대로 일을 허고 잪은 일을 허고 허기 싫은 일은 안 허고 그리도 되는 종 아냐? 이놈들이 앙 것도 모리는 놈들이 와서는 일 헌다고 지랄을 허고 있네' 하더니 또 한대를 부쳐대네. 그리고는 조금 달래더라. '어서 올라가. 츰잉게 그러제, 다른 사람들도 안허냐? 다른 사람 허는 것 봐라. 나중에는 괜찬헌 것이다' 그래.

37) 복선(複線)을 뜻한다.

아 그래서 할 수 없이 구루마를 또 밀고 안 갔냐. 저녁이 되니까 대처나 돈을 1원 주더라. 그런데 그 이튿날 알고 보았더니 얼음 판 놈들도 1원을 주었네. 얼음 판 것이 훨씬 편하거든. 춥다고 핑계 대고 늘 산에 올라가 나무 해다가 불 쬐는 것이 일이야. 그래도 이제는 그 일은 못해. 하고 싶어도 한번 그렇게 해 놓아서. 그래서 구루마질을 며칠 했지.

■ 그러면 구루마는 올라갈 때는 어떻게 올라가요?

구루마 하나에 사람이 둘씩이거든. 둘이 밀고 올라가. 빈 구루마니까 그렇게 힘은 안 들어.

그 일이 끝나고는 하꼬로 냇가에서 자갈을 퍼 날랐다, 자잘한 놈으로. 그적에 자갈을 나르면서 지게를 만들어서 일을 했다. 용산동인가 탑정인가 사는 최 누구라고 하는 늙은이인데, 그 사람이 손재주가 있던가 지게를 만들었어.

■ 그러면 거기에는 그때까지 지게가 없었어요?

으응. 없지는 않았어. 그런데 저 북선 지게는 그런 일을 못해. 왜 그런가 하면 지게 통발(다리)이 짧디 짧아서 자갈을 실으면 일어날 수가 없어.[38] 그러니 이름만 지게지 우리가 보기로는 지게가 아니야. 그런 것으로는 일을 할 수가 없단 말이야. 그래서 남선 지게를

---

38) 나도 서울에 처음 가서 연탄 배달 지게를 보면서 그런 생각을 한 적이 있었다. 평야 지대에서 다리가 긴 지게만 보다가 다리가 짧은 지게에 연탄을 싣고는 어렵게 일어서는 것을 보면서 왜 저렇게 다리를 짧게 만들까 하는 생각이 든 것이다. 이러한 의문은 우연히 계단을 내려가면서 뒷걸음으로 내려가는 것을 보면서 해소되었다. 지게 다리가 길면 계단에 부딪치기 때문에 걸을 수가 없다. 그래서 하는 수 없이 뒷걸음질을 하는 것이다. 같은 이유로 산세가 험한 북쪽 지역의 지게는 다리가 짧아야 했던 것이다.

만들어서 자갈을 날랐어. 우리들이 가기 전에는 자갈을 목도로 매 올렸어. 자그마한 하꼬에다가 자갈을 싣고는, 발판을 놓고, 목도질을 해서 냇가쪽으로 실어내. 그것 한 상자 매고는 간신히 올라와. 그때 내가 24살이니까 한창때 아니냐. 그래도 죽을 둥 살 둥 힘을 써야 돼. 그렇게 한 하꼬 하면 25전이었어. 그러면 그 자갈로 콘크리트를 쳐.

목도질 하는 사람들은 노가대에서 이골난 사람들이야. 그 사람들 일 하는 것을 보면 자갈을 모으는 사람이 있고, 퍼서 하꼬에다 담는 사람이 따로 있고 목도꾼은 메고만 올라온다. 줄로 하꼬를 묶고는 뭐라고 한바탕 소리를 한다, 나는 그 소리 알지도 못한다마는. 노가대라는 것이 그래. 그리고는 박자에 맞추어서 다리를 건너 오는데, 그러면 다리가 휘청휘청 한다. 그러니 무슨 능률이 오르겠냐. 그러다가 지게로 져 나르니 얼마나 좋냐. 둘씩 짝을 지어 냇가에 가서 그냥 제 손으로 자갈을 퍼 담어갔고 지게로 져 올리니 훨씬 능률이 더 나. 그래서 무라까미라고 하는 사람이 남선 인부들로 해서 거기서 큰돈을 벌었어. 우리들도 신용을 단단히 얻었고.

그런데 탑쇠하고 나는 평생 한 팬데 꾀가 조금씩 나. 그래서 처음에 몇 하꼬를 져 나르고는 그냥 앉아서 놀아. 그 일판에서는 한 짐을 져다 부리면 표에다가 누구 것인지는 모르지마는 도장을 찍어주거든. 그런데 도장을 찍어주면 인주가 많이 묻어. 그러면 그놈을 딱 접어가지고 꾹 눌러. 그러면 옆에 도장 하나가 더 박혀. 그러니까 도장 한 개를 받아서 두 개를 받는 것이지. 그러면 두 번째는 도장이 거꾸로 박혀. 그러고 세 번째는 옳게 박혀. 그래도 누가 그것을 꼼꼼하게 보냐? 그러니 그냥 놀지. 날도 따뜻해서 놀기도 좋아.

다른 사람들이 보기에 이상하거든. 그러니까 '너그덜은 어떻게 허길래 그렇게 놀기만 험서도 돈을 다 받냐?'고 물어. 그랬더니 탑쇠란 놈이 웃으면서 이야기를 했어. 탑쇠란 놈이 웃음이 좀 헤프다. 그래서 다른 사람들도 우리한테서 배워서 써먹었어.

그러니까 돈을 벌기로 하면 얼마든지 벌 수가 있을 것 같아. 그래도 하루 1원 40전 이상은 안 주어. 십장이 그러더라. 그 십장은 조선 사람인데, '암만 해도 하루 1원 40전밖에는 안 주니까, 살살 놀아가면서 하라'고. 그러니까 무라까미라고, 이 사람이 말하자면 이 일터를 떠맡은 사람인데, 이 사람이 오면 모두 자갈을 줍는 척하고, 야단을 내도, 그놈이 어디 하루 내내 거기만 있을 수 있냐? 돌아다녀야지. 그 사람은 여기저기 일터가 많았어. 그러니 이제는 노는 것이 일이지, 일이라고 할 수도 없어. 그리고는 도장 찍을 때는 도장 좀 진하게 찍으라고 하지. 하도 여러 날 일을 해서 얼굴을 아니까 그런 소리도 하지. 그러면 그 사람도 다 알면서도 진하게 찍어주었어. 그러니까 조선 사람들끼리는 그래도 좀 통하는 게 있었던가 보더라.

그러다가 한 달 만에 철도 보수 공사 일이 끝나버렸다. 일이 끝나는 날은 술을 내놓고 한판 놀려주더라. 네 사람 앞에 35도짜리 금강주 소주 큰 병 하나씩을 주어. 그적까지만 해도 나는 소주란 것은 입에도 안 댔어. 그적에는 막걸리보다도 소주가 더 고급이었어. 그러니 우리같은 사람들은 막걸리도 못 먹는데 소주를 먹어 봤겠냐. 봉술이하고 나, 탑쇠, 몽치 이렇게 넷이 어울러서 한 병을 탔어. 그리고도 술 먹고 싶은 사람은 얼마든지 먹었어. 병 말고도 통으로도 갖다 놓았거든. 그리고 안주는 명태 열 마리. 다른 것은 없어도 명태 안주 해서. 명태는 많았다. 그러면서 십장들이 내일부터는 딴 공사판으로 간다고 그러더라. 함경도 삭주라던가 어디라고 하더라마는…… 어떻든 압록강가 어디라고 하더만.

현장에서는 점심 먹고 바로 일이 끝났어. 그러고 함바에 와서 술을 마시고 노는데 그날 나도 생전 안 먹던 술을 먹었지. 그런데 현장에서 벌써 자왕(茶碗)으로 반 잔이나 마셨단 말이야. 술잔을 자왕이라고 하더라. 그적에는 봉술이도 술을 별로 안 마시고, 몽치도 별로 안 마셨어. 제일 잘 먹는 사람이 탑쇠야. 탑쇠는 한 잔이나 먹었어.

그런데 생전 안 먹던 술을 마셔놓았으니 정신이 없이 취했어. 술을 입에 대지도 않던 사람이 35도짜리나 되는 것을 느닷없이 자왕으로 반이나 마셨으니 어땠겠냐, 가히 죽어 나자빠지다시피 했어. 그리고는 저녁때가 되어서 밥이 나왔는데, 나는 술에 취해서 밥을 먹다 말고 손으로 밥을 집어서 밥을 먹고 있는 사람들한테 막 던지고 난리를 피웠어. 그랬다고 하더라 나중에. 주정을 한 것이지. 술이 그 지랄을 했어. 그러니까 밥 먹다가 도망을 하는 사람 뭣 하는 사람 등 난리가 나고, '저 사람 큰 일 났다'고 그랬다고 하더라. 그리고는 떨어져버렸어.

한숨이나 잤는가. 웅성웅성 하는 소리가 있어서 일어나 보았더니 내가 누운 채로 한 무더기를 토해 놔버렸네. 그래서 사람들이 다들 피하면서 저것을 어떻게 해야 하느냐고 하면서 난리가 났어. 그리고도 한참이나 지나고 나서야 정신이 들었어. 그런데 정신이 들고 나니까 갈증이 나서 살 수가 없네. 물이 있어야지. 그적에는 내고 뭐고 사방이 꽁꽁 얼어버렸는데. 그 이놈의 것이 꼭 죽겠어. 물을 마셔야 살겠단 말이야. 그래서 몽치보고 '야, 물 좀 떠다 도라'고 했더니 '아이고, 어디가 물을 떠와 야' 그리고는 안 떠다 주네. 하다 못 하면 눈이라도 좀 먹었으면 좋겠는데 눈도 없어, 얼음은 있어도. 그래도 얼음은 절대 안 파져. 연장도 없는데 땡땡 언 얼음이 손으로 깨지겠냐. 봉술이도 못 간다고 하고. 꼭 죽겠어.

에이 빌어먹을 놈의 것 죽으면 죽고 살면 산다고 하고는 냇가로 기어갔어. 가다가 만약에 미끄러져서 물 속에 빠지기라도 하면 꼼짝없이 죽어. 그래도 이리 죽으나 저리 죽으나 매 일반이다 하고는 어찌어찌 기어서 안 떨어지고 냇가까지 갔어. 그리고는 어떻게 버티고 물에다 입을 대고 좌우간 배가 터져라 하고는 들이켰어.

그런데 물을 쓰고 입을 떼면 속에 있던 것이 우루루루 나와버리네. 몇 번을 그랬어. 그러니까 속이 완전히 씼어졌는가 보더라. 그적에는 정신이 나. 그래도 일어서지도 못 하고 또 기어서 자는 데로 왔어. 그런데 방으로 와서 누워보려고 했더니 한쪽은 내가 토해 놓은 것이 있고 한쪽은 바닥이 다 타버려서 어디 들어가 누울 데가 없어. 그래서 옆방으로 가 보았더니 콩깍지를 천장까지 꽉 쟁여 놓았네. 그놈으로 소를 먹이더만. 북선은 콩을 많이 심어. 그래서 그 방으로 더듬더듬 들어가서 멀쩡한 콩깍지동에다 구멍을 냈어. 그래가지고 그 안으로 들어갔더니 따뜻한 것이 춥지도 않고 푹신푹신해서 참 좋아. 거기서 이틀날 하루를 안 자버렸냐.

내가 하루 종일 안 보이니까 일꾼들 사이에서는 사람 잃어버렸다고 난리가 났더란다. 밤에 술 취해가지고 어디로 가버렸다고들 하면서. 하기는 콩깍지 속에 있는데 보이겠니? 해 저물 때에야 나와서 보았더니 그 속에서 하루를 자버렸네. 밥도 안 먹고 하루 종일. 내가 명은 타고 났다고 안 하던? 그렇게 살아났어.

■ 그러면 거기에서는 일당받고, 밥은 제공해 주는 건가요, 사 먹는 건가요?

품삯이 하루 1원 40전, 밥값은 하루 세끼에 50전. 그러면 90전 남지? 그러니까 하루 90전씩 버느라고 한 달 동안을 난장에서 일했어.

■ 한 달 중에는 쉬는 날도 없었어요?

암, 없지. 날이나 궂으면 쉴까. 그런데 그런 날도 별로 없었지마는 그래서 쉬면 그날은 일당이 없어. 그러니 쉬는 날이 없는 폭이지.

일이 끝나고 나니까 십장들은 어디로 갔는지 다 없어지고 우리들은 한 댓새 놀았어. 그러면서 나중에는 굴로 가네 어쩌네 하는 소문이 돌더라고. 그러고도 사흘인가 더 놀다가는 무라까미네 집에 가서 데모를 했어. 우리가 그 집을 알았거든. '우리가 남선서 여그까지 올 적으는 일 허로 왔는디 일 끝났다고 이렇게 놀리면 어쩔 것이냐'고 하면서. 그랬더니 조금만 기다리라고 하더라. 그러면 굴에서 데리러 올 테니까.

그러니까 사람들이 굴로는 안 간단 것이야. 어디든지 당신 따라가서 난장에서 일 해야지, 어떻게 굴에 가서 일을 할 것이냐고들 했지. 우리가 있는 데서도 산중 굴에서 일하는 사람들이 먼 빛으로 보여. 시꺼멓게 되어가지고는 걱정스럽게 생겼지. 그래서 어떻게 굴에서 일을 하느냐고 하면서 모두 굴로는 안 가겠다고 데모를 했어. 그랬더니 안 된단 것이야. 내가 또 일을 맡으려면 한 달쯤 있어야 하는데 그동안이라도 다만 얼마씩이라도 벌어야 할 것이 아니냐, 그러니까 굴 속에 가 있으라고. 그러면 내가 자리를 잡는 대로 꼭 데리러 온다고 핑계대면서 떼어내버렸어. 그러니 할 수 있냐? 여기까지 와서 한 달씩이나 아무 것도 안 하고 놀 수가 없단 말이야. 그래서 한 댓새 놀다가 굴로라도 갈 수밖에는 없다고 하면서 가기로 했어. 그러기로 하고 나니까 굴에서 바로 우리를 데리러 왔더라. 그래서 43명이 모두 굴로 갔지. 그적에는 아무도 다른 데로 안 갔어. 한 사람도 도망친 사람도 없고. 거기에서 가까운 데라 걸어서 갔어. 연장 같은 것도 가지고 갈 것 없고, 사물 보따리 조금씩 있는 것만 메고 갔어.

■ 굴은 무슨 굴인데요?

응, 그 굴이 물 내려가는 굴이야. 요새는 강을 그냥 막아서 발전소를 안 만드냐. 그 사람들은 산에다 굴을 뚫어서 그쪽으로 물을 빼더만.[39)]

가보았더니 굴 일판도 다 함바에서 먹고 자고 하더만. 그런데 이튿날은 쉬게 해주면서 그 근방 구경도 하라고 하더라. 그래서 하루 쉬었지. 어떤 사람들은 그냥 집안에서 쉬고 어떤 사람들은 구경 가고. 나도 굴 구경을 좀 했지. 보니까 굴은 큰데 거기는 헛굴이야. 진짜로 물 내려 보내는 굴이 아니고.

■ **헛굴이 뭔데요?**

물이 내려갈 본래 큰 굴을 파면서 옆으로 또 굴을 뚫어서 파낸

---

39) 그러니까 이른바 유로변경식 (또는 유역변경식) 발전소의 도수 터널이다. 이것은 완만하게 흐르는 강줄기를 막아서 그 물줄기를 낙차가 큰 지역으로 돌려 발전을 하는 것이다. 나는 지도를 펴놓고 단천 용원 등의 지명을 찾아 그곳에서 가까운 발전소를 찾아보았다. 허천강 발전소였다. 그러니까 아버지는 허천강 발전소 도수터널 공사장에서 일을 하신 것이다. 허천강은 경사가 완만하게 서북쪽으로 흐른다. 이 강을 막고 도수 터널을 뚫어 낙차가 큰 동해안 쪽으로 물길을 돌려 발전을 하였다.

흙이나 돌을 실어내는 것이 헛굴이지.

굴은 통나무 기둥을 굴 가운데로 주욱 받쳐서 세웠어. 그리고 그 기둥 양쪽으로 구루마가 다니는 철길을 놓았어. 그러니까 명색이 복선이야. 그런데 거기서 일 하다 나오는 사람들을 보았더니 사람들은 시꺼먼데 옷이 철썩철썩 해. 왜 그러느냐고 물어보았더니 물 떨어져서 그런단 것이야. 굴이란 것은 다 그런 것이거든. 어느 굴이나 천장에서 물이 떨어져. 그래서 문앞에서 가만히 들여다 보았더니 얼마나 깊은지 알 수가 없어. 아따! 무서워서 못 들어가겠더라. 그런데 기둥 양쪽으로 철길을 놓고 기둥마다 낱낱이 전등을 달아 놓았더만. 그래도 어둠침침해. 왜 그런가 하면 돌가루 먼지…… 기계를 안 돌리냐. 그러면 바람이 나니까 그렇게 돌가루가 날려. 기름조차 뭣조차 다 섞여가지고 냄새도 싸하게 굉장히 나. 그날은 그것만 보았어.

여기 숙소도 함바야. 처음 난장 일을 할 때는 밥 먹는 집에서도 자는 사람이 있었어. 거기는 함바가 아니고 가정집이라 거기서 자는 사람들은 따뜻하고 좋았거든. 그 사람들은 참 횡재 만났지. 그런데 여기는 말하자면 전문적인 함바니까 잠자리가 그리 좋지 않아. 그래도 거기 같이 아랫목이 타지는 않았더라. 그리고 방도 따뜻하더라. 나무가 흔한 데라 산에 가서 막 해 날라다 때니까. 하기야 방 추우면 누가 일 하겠냐?

다음날 아침이 되니까 사무실서 소사가 나오고 십장이라고 하는 사람도 나와서 일 나갈 사람은 나가라고 하더라. 어떻게 어떻게 하는 것이라고 말들을 하면서 시키는 대로만 하면 아무렇지도 않다고 하더라마는. 그래도 안 나가, 무서우니까. 그래도 몇 사람은 나가더만. 그 이튿날은 우리도 일을 나갔어. 충렬이 나, 점푼이도 나가고 몽치도 나가고.

다 나가서 일을 하는데 그것은 헛굴이야. 헛굴을 뚫는데. 본굴을 뚫을 때는 굴의 양쪽 끝에서부터만 작업을 시작하는 것이 아니야. 한꺼번에 여러 군데에서 작업을 시작하거든. 그럴려면 헛굴부터 시작해. 그래서 헛굴을 뚫으면 거기서부터 남쪽으로, 북쪽으로 가는 사람이 나누어져. 그래서 '남 마구리', '북 마구리' 그래. 그러니까 T자 모양으로 파는데, 실상은 헛굴이 하나가 아니야. 그럴 것 아니냐, 그래야 여러 군데에서 한꺼번에 일을 할 것 아니냐.

기계에서 나오는 돌을 헛굴을 통해서 구루마로 싣고 나와. 산들은 이렇게 가파른데. 그 돌이 어떻게 생겼는가 하면 꼭 석탄 같이 시꺼먼데 번질번질하다. 그런데 산을 파니까 흙은 조금도 없고 전부가 다 돌이더만. 어떤 데는 허연 돌도 조금씩 나오더라마는 그래도 대개는 시꺼먼 것이 꼭 석탄 같아. 그리고 쌓아 놓은 놈을 밟으면 미끄럽더라.

한참 일을 하다 보면 남포 튼다고 다 나가라고 해. 그러면 다들 우루루 나와. 그럴 때 아니면 굴에서 나오지 못 하게 해서 못 나와. 밖에 나와도 남포 터지는 소리가 들려. 그런데 그 사람들은 뚫어놓은 남포 구멍 수를 다 알아. 그래서 구멍 숫자대로 터져야 다시 들어가라고 그래. 오래 일한 사람들은 소리만 들어도 몇 구멍이나 터졌는지 알거든. 가령 스무 구멍을 뚫었는데 열아홉 구멍밖에 안 터졌으면 십장이 가서 검사를 해. 심지가 타들어 가다 중간에 꺼져버렸는지…… 그런 것을 다 조사하고 나서야 들어가라고 해.

남포를 틀 때는 처음에는 나가라고 하는 소리만 하면 다 뛰어나갔어. 그런데 나중에는 잘 안 나가네. 그래서 검사를 해서 안 나간 사람이 있으면 막 나가라고 하지. 목숨이 안 아깝냐고 하면서. 왜 안 나가냐 하면 여름에는 나가란 소리 나기가 바쁘게 다 나가. 굴속에서는 여름에도 오래 있으면 추워. 그래서 바깥에 나가면 여름이라도 추운 데 있다가 막 나오니까 따뜻한 것이 참 좋거든. 그래서 나오면 볕 쪼이느라고 다들 양지쪽에 가서 앉아 있다. 그것 말고도 여름에는 어떻든지 밖으로 나가려고 해. 굴 안에는 냄새가 고약하거든. 왜냐하면 어떤 놈들이 똥을 쌀 때 안 나가고 안에서 싸는 놈들이 있어. 그러면 똥에 곰팡이가 수북하게 피어나. 뭔가 하고 밟아보면 낱낱이 벌컥벌컥 하는 똥이야.

거기에다 남포를 틀면 그 냄새에, 먼지도 자욱하게 일어난다. 그래서 막 토하고 그래. 깜깜하고 어두컴컴해서 앞도 잘 안 보이고. 그리저리 하니까 여름에는 나가라는 소리가 떨어지기가 무섭게 다 도망하듯이 나가버려. 그리고 남포가 끝나면 막 들어가라고 그러거든. 그러면 어떻게든지 안 들어가려고 요리 조리 도망다녀. 그래서 어거지로 막 몰아넣고 그래. 남포 일 하는 사람들이 있는 데는 전부 철판을 깔아 놓았어. 그리고 그 위에서 일을 하는데 남포를 틀면 돌가루가 다 공중으로 튀지 굴 따라서 옆으로는 튀거든. 그러니까 그렇게 멀리 도망을 안 해도 되는데, 혹시나 하고 나가라고 그러는 거야.

그런데 겨울에는 굴속은 따뜻해서 좋거든. 밖에 나오면 눈보라 칠 때도 있고 또 굉장히 추워. 그러니까 안 나가고 나무 세워놓은 것 뒤에 가서 있기도 하고 그러지. 나도 그랬어. 가만히 생각해 보니까 돌가루가 튀어도 그렇게 멀리 나가지는 않을 것 같더라. 그래서 안 나갔지.

그렇게 남포를 틀어서 깨진 돌을 구루마로 실어내는데 그것이 우리 일거리야. 그 구루마는 만들기는 나무로 만들었어. 크기는 한 두 평쯤 될 것이다. 바퀴는 기차 바퀴보다는 작아도 똑같이 생겼어. 안쪽에 턱이 져서 이리 저리 못 가게 되어 있고. 그놈도 겁나게 무거워. 들어올리는 사람도 있더라. 힘 좋은 사람은 운동한다고 그놈을 들어올리더라고. 우리는 어림도 없어. 그런 놈을 앞 뒤로 두 개 놓고 거기에다 두꺼운 판자를 길게 옆으로 깔고 나무로 틀을 짜서 올렸어. 겁나게 굵은 나무를 켜서 각목으로 빼가지고 짰거든.

돌을 실을 때는 다 손으로 실어. 굴이 그렇게 넓어도 싣는 기계는 없어. 그래 가지고 굴 밖으로 나와서 퍼버리지. 돌을 싣고 나와서는 빈터에다 대고는 기다란 참나무를 어깨에다 대고 둘이 밀어 올리면 넘어가지 별 수 있냐. 그렇게 해서 돌이 다 쏟아져 나오면 이제 구루마를 다시 이쪽으로 젖혀. 그래 가지고 철로 위에다 얹어서 밀고 들어가. 나중에 일이 한창 될 적에는 굴 안에 기차 정거장처럼 중간에 '포인트'라고, 빈 구루마하고 짐 실은 놈이 갈려 나오는 갈림길을 만들었어. 그래서 포인트를 이쪽으로 젖히면 이리 가고 저쪽으로 젖히면 저리 가고, 꼭 기차 정거장하고 같지.

굴은 가운데에다가 기둥을 받쳤다고 안 했냐? 그런데 물이 많이 새는 데는 다 무너질 위험이 있는 데다. 그래서 그런 데는 더 튼튼하게 받쳐. 지름이 한 자 이상 되는 큰 나무를 양쪽 벽에다 대고 그 위에 천장까지 다 말뚝을 쳐 박아. 빈틈이 없이. 그래야 배겨낼 것 아니냐. 그렇게 해도 물 많은 데는 무너지는 수가 있어. 기둥을 벽에다 딱 대서 세워 놓았는데, 위에서는 계속 내리 누르거든. 이것이 눌리다 눌리다 버티지 못 하면 주저 앉는단 말이야. 어떤 데는 수숫대 껍질을 벗겨서 속을 분질러 내버리고 위에서 지긋하게 누르면 우산대 모양으로 된 껍질이 휘어져서 가운데에서 볼록하게 안 되냐. 꼭 그렇게 생긴 데도 있다. 무너져가지고 원청 눌리니까 그렇게 되는 것이지. 그런 데는 참 무서워.

굴 막장까지 가서 보면 처음 굴을 뚫을 적에는 그저 사람 둘이 겨우 들어가서 간신히 몸을 요리 저리 움직일 만큼이나밖에 안 돼. 그리고 일 하는 것을 보면 이만큼이나 한 철을 대고는 거기에다 기계를 싣는다, 사부랑기라고, 굴 파는 기계를 사부랑기[40]라고 하더

라. 상당히 큰데, 바람으로 뚫어. 굴 바깥에 가서 집채만이나 한 바람을 일으키는 기계가 있어. 사람이 그 옆으로 지나가면 막 딸려 들어가려고 한다. 바람이 그리 끌어당기는 것이지. 그렇기 때문에 그 기계가 있는 데는 다 멀찌감치 떨어져서 망을 쳐 놓았어. 그렇게 다 튼튼하게 단속을 해 놓았어.

한 번은 남포 구멍 뚫는 사람이 호스를 잘못 집어넣었던가 보더라. 그래서 뺀다고 빼다가 호스를 놓쳐버렸네. 아 이놈의 것이 그냥 이리 저리 내둘리는데, 거기 부딪치면 사람이 죽어. 그 호스가 솔찬히 크거든. 그것이 벼락 같이 내둘려지니까. 그러다가 어떻게 해서 바람에 일어난 돌가루가 어떤 인부 눈으로 들어갔네. 죽는다고 야단이 났어. 병원으로 데리고 가야 하는데 병원은 영원에 있어. 거기에 가야 우리 난장 일판 사무실도 있고. 그런데 하필이면 나보고 가라네. 어디에서 온 줄도 모르고, 우리 방 일꾼도 아닌데 십장이 나보고 업으라고 한단 말이야.

나는 우선 업을 수가 없다고 그랬지. 그 사람이 키가 크거든. 그래도 아, 쉬면서 천천히 갖다 오라고만 하네. '이렇게 생긴 깔크막(비탈)을 한참이나 내려가는데 내가 어떻게 업을 것이냐'고 해도 자꾸 갔다 오라고만 한단 말이야. 그래서 업어보았더니 한 짐이 되네. 암만 해도 못 가겠다고 해도 자꾸 가라고 해. 별 수 없이 갔지. 가다가 비탈에서는 '여그는 내가 손이 빠져서 못 업고 강게, 손을 잡어줄팅게 내려서 갑시다' 그래서 손을 잡고 기다시피 해서 갔어. 그 사람 한 달 넘게 치료 받았다. 그런 일도 있었다. 그래도 다행히 그 사람 눈은 괜찮았다. 그런 일 말고도 굴속에는 먼지가 많이 나. 그래서 우리가 먼지를 뽑아내는 기계를 놓아 달라고 했어. 그랬더니 놓겠

40) '착암기'(鑿巖機)의 일본어 발음 '사쿠강기'(さくがんき)를 이렇게 들은 것으로 생각된다.

다고 대답은 하더라마는 일이 끝날 때까지 안 놓았어.

굴을 파는 것은 이쪽에서 파 가고, 저쪽에서 파 오고 그래. 그러니까 날마다 측량을 하거든. 그래도 어떤 데서는 서로 어긋나서, 아 남포 소리는 들리는데 맞창이 안 나. 맞창만 나면 바람이 통하게 되니까 공기가 맑아지는데. 남포 소리는 들리는데 맞창이 안 난단 말이야. 측량을 잘못 해서 그렇지. 그래서 다시 측량을 해 보니까 몇 미터를 비껴 뚫어 갔네. 똑같이 맞추어야 하는데. 그런 데도 있었다고 그래. 날마다 측량을 해도 그렇게 된단 말이야.

굴은 커. 높이 뚫어. 키가 안 닿아. 그러니까 중간에다가 발판을 매거든. 그 위에서 일을 하지. 그러니까 나무도 엄청나게 많이 들어. 그래서 일이 다 된 데서 빼다가 쓰기도 하고 새 나무도 가져다 쓰지. 어디서 가져오는지는 모르지만 기차가 막 실어 날라.

아까 말씀하시는 중에 굴이 허물어지는 경우가 있다고 하셨잖아요? 허물어지면 어떻게 했어요?

굴에는 다 간드레 그러니까 가스로 불을 켜. 그러고 요새 등산하는 사람들 자귀 같이 생긴 것 안 들고 다니냐. 그렇게 생긴 것을 들고 다니면서 보기에 좀 이상한 데가 있으면 여기 저기 두드려 봐. 그것이 허물어질지 어떨지를 검사하는 것이지. 그렇게 해도 가끔 무너지는 데가 있어. 한 번은 천정이 무너지게 생겼던지 검사하는 사람이 나가라고 말도 하기 전에 다 도망쳤지. 저쪽에 있는 사람은 저쪽으로 도망하고 이쪽에 있는 사람은 이쪽으로 도망쳐서 바깥까지 나와버렸어. 그러자 마자 진짜 무너져버렸어.

얼마나 있으니까 십장이 괜찮으니까 들어가라고 하면서, 사람 하나가 흙에 쓸려 묻혀서 시방 사람 살리라고 소리치고 있으니까 파내야 한다고 그러더라. 그래서 파냈지. 그런데 그 사람을 또 탑쇠하고 내 구루마에다가 실었어. 다행히 죽지는 않았어. 그 사람은 충청도 어디에서 온 사람인데 십장이었어. 그래서 싣고 나왔는데 피를 많이 흘려. 그러니까 많이 다쳤던 것이지. 그 사람은 병원에서 두 달도 더 있다 나왔다. 그래도 그 직을 그대로 갖고 있었다.

그리고 나니까 이제 그 무너져 내린 흙을 치워야 한다네. 때는 그럭저럭 밤이 되었는데. 그런데 아무도 그 일을 안 한다는 거야. 그럴 것 아니냐. 누가 하려고 할 것이냐? 물은 막 쏟아지고 있지. 거기다가 포인트가 없으니까 허물어진 흙을 구루마에 싣고 나와서 부리고는 그 구루마를 다시 밀고 들어가서 또 밀고 나오고 해야 하는데. 가만히 생각해 보았더니 구루마 한 대 가지고 그놈을 치우기로 하면 큰 일거리란 말이야. 그 속에는 큰 돌덩어리도 있을 것이고, 일일이 들어서 실어야 하고.

그래서 내가 그것을 하면 얼마를 줄 것인지 물어보았어. 7원 50전을 준다고 하더라. 그래서 탑쇠한테 그랬어. '자네, 우리 그놈 허끄나?' 그랬더니 탑쇠가 '나야 늘 자네 허자는 대로 안 힜는가' 하고 대답하더라. 그래도 속으로는 무서워 물은 자꾸 쏟아지고. 가서 보았더니 천장은 보이지도 않고 꽉 막혀 있으니까, 흙이 얼마나 쏟아졌는지도 모르겠고. 십장 같은 사람들은 그러더라. 하루 저녁 욕보면 될 성 싶다고. 결국 맡았지. 보통 일할 적에는 한 시간에 한 구루마씩밖에는 했어. 그런데 요행히 돌덩어리가 그렇게 큰 놈은 없어. 그래서 좀 큰 놈은 둘이 맞들어서 싣고 하면서 그 일을 했어. 그래서 하루 저녁에 그놈을 다 실어냈어. 그러고 나니까 십장이 와서 보고는 우리 등을 막 쓰다듬으면서 욕봤다고 칭찬을 하더라.

나중에 굴 일에다 맛을 붙여 놓으니까 참 좋더라. 난장보다 돈 벌기가 수월하단 말이야. 한 달이면 서른 날 아니냐? 그런데 한 달에 서른 날짜를 일하는 것이 아니야. 한 번 들어가면 여덟 시간을 하고 나와. 아침 나절이면 점심 먹고 또 들어가고, 저녁 때면 저녁 먹고 또 가고, 그러면 하루 세 날 몫을 해. 하루 얼마씩을 버냐?

그런데 막장에서 일하는 사람은 다 중국 사람인데 참 힘이 좋더라. 우리가 둘이서 몸부림을 치면서 간신히 드는 덩어리를 그 사람들은 혼자 불끈불끈 들어 올리더라.

■ 품삯은 얼마씩이었어요?

1원 60전.

■ 그러니까 여덟 시간 일당이 1원 60전이란 말씀이지요?

그렇지.

■ 그러면 여덟 시간을 일하고 1원 60전을 받고, 나오셔서……

교대 들어갈 때 또 들어가.

■ 그러니까 여덟 시간 뒤에 또 들어간단 말씀이지요?

아니, 점심 먹고 바로 들어간다니까. 그것을 '곱대가리'라고 하더라. 교대할 때가 되면 십장이 곱대가리 헐 사람 나오라고 방방마다 돌아다니면서 막 외쳐. 사람이 모자랐으니까. 그래서 들어간단 말이야. 하루는 삼팔은 이십사 시간이니까 세 날짜 일을 안 할 수 있냐. 밥 먹는 시간이 한 시간인데 그놈은 빼주었거든.

그리고 좀 오래 되어서는 날마다 잠을 안 자고 일을 하니까 십장이 다 알아. 그럴 것 아니냐, 날마다 만나니까. 그적에는 구루마 길이 멀어져서 하루 저녁에 네 번만 하면 8시간이 되었어. 그러면 교대 들어가서는 한 번 들어가서 한 구루마를 밀고 나와. 그리고는 난장에다가 구루마를 딱 제껴버리고 산으로 슬슬 올라가. 십장이 보고는 어디 가냐고 물어보면, '나 잠깐 눈좀 부치고 옵시다. 내가 시방 곱대가리가 메칠째요. 죽겄잉게' 그러면 웃으면서 그러라고 놓아주어.

산으로 올라가면 모기가 있을 것이냐 뭣이 있을 것이냐. 모기가 없어 추운 데라. 그리고는 그늘 좋은 데가 쌓였거든, 수목이 깊으니까. 그런 데 들어가서 잠을 자. 그러면 점심이나 밤참 먹는 시간이 되면 귀때기가 떨어져나가라고 고동 소리가 나거든. 꼭 기차 고동 소리 모양으로 '삐-' 하고. 콤푸레샤라고 하는 기계 돌아가는 소리로 만들었다고 그러더라. 그러면 아무리 잠이 깊이 들었어도 다 깨. 그래 가지고 젖혀놓은 구루마를 도로 밀고 들어가. 그래 가지고 또 한 번 밀고 나와. 그러면 또 교대 들어가지. 그렇게 해서 두 번만 밀고 나오면 한 대가리를 먹어. 밥은 한 끼니 먹고. 그렇게 했어. 그래서 제일 많이 할 때는 스무 닷새까지 해봤다.

또 탑쇠하고 나하고는 언제든지 둘이 한 조였거든. 그런데 여덟 시간에서 네 시간에 한 구루마 밀고 나오니까 얼마나 시간이 되냐? 그러니까 어떤 때는 하나는 구루마 속에 앉아서 졸아. 그러다가 다 가서는 나오라고 해. 그렇게만 해도 훨씬 나아. 어떤 때는 탑쇠가 나보고 자라고 하고. 어떤 때는 내가 탑쇠보고 자라고 하고. 그러면 힘이 별로 안 들어. 빈 구루마 밀고 갈 적에는 그것이 철길이라 별 힘이 안 들거든.

탑쇠는 나 따라서 곱대가리를 많이 다녔어도 그렇게 했다. 그런데 저 경상도 어디서 왔다더라 무술이라는 사람이 있었어. 무술년에 나서 무술이라고 했다고 하더라. 무슨 김간지는 모르겠다마는 성은 김가고. 그놈은 서른 날을 그냥 날마다 곱대가리를 하네. 그놈하고 나하고 경쟁을 하다가 결국에는 내가 그놈한테 졌어. 아이고 그냥 죽겠더라고. 그런데 그 무술이란 놈은 눈구멍이 빨간 것이 꼭 미친 개고기 뜯어먹은 놈 모양으로 되어가지고는…… 그렇게 잘 하더라고.

■ 그러면 잠은 언제 자요?

안 잤어. 한 달을 하루 저녁도 잠을 안 잤어. 그렇게 곱대가리를 한 달에 스무닷새까지 해. 다 돈 욕심이 나서 그런 것이지. 하루 한 대가리씩 해서 스무닷새를 하면 3원씩 상여금을 더 주었다. 그러니까 돈을 벌기가 수월해.

■ 일터에서 때리지는 않았어요?

왜? 때리지. 용덕이도 맞고 그랬지.

■ 아니, 용덕이라고 하는 사람은 반장이었다면서요?

그래, 그러니까 마누라를 둘씩이나 데리고 갔지.

■ 아니, 용산동에서 일판까지요?

아 공차 타고 가는데…… 그리고 그 사람은 반장이라니까. 그리고 거기 가서는 다 써먹었어. 밥 해 주고. 아 마흔 세 명을 혼자 밥해 먹일 수 있겠냐? 그러니까 용덕이는 다른 사람 안 들이고 삼덕이라고 제 동생이 물 져 나르고, 쌀가마 나르고, 명태 사 나르고. 뭐 의복 사러 가네 뭐 하네 하면서 장에 다니고. 또 마흔 세 명이나 사람을 쓰려면 서사도 있어야 할 것 아니냐. 그래서 최팔봉이라고 하는 사람을 아주 서사로 데리고 갔어. 나중에는 그 사람을 안 시키고 용덕이가 다 했어. 그런데 추접기가 단단히 들어버렸다. 난장에서부터

서기 본다고 까불다가 차 운전수한테 몽둥이로 솔찬히 맞기도 했다. 그래도 그적에 명주 이불을 딱 접어가지고는 몸뚱이에다 칭칭 감았어. 그놈 덕 많이 봤을 것이다.

맞을 때에요?

암, 명주 이불을 접어가지고 겨드랑이 밑에서부터 감아서 뚱뚱하게 생겼어. 거기를 맞았으니까 얼마나 아팠겠냐. 또 김경만이라고 하는 사람도 있었다. 아산면 가평리 앞에 있는 호저리 사람인데 순사질 하다가 온 놈이다. 눈이 부리부리하게 생기고 키도 커. 일판에 가면 큰 돈 버는 줄 알고 순사질 하다 그만두고 왔어. 그놈도 한 번 맞는데 아따 그놈은 참 직사하게 맞더라. 생긴 것이 불량하게 생겨서 그랬는지 그놈은 더 때리더만. 난장에서 매 맞고는 팔균이하고 없어져버렸어. 굴에까지 가지도 못 하고.

그런데 대개가 빗 진 놈들이 도망을 치더라. 받을 것 있는 사람은 절대 도망 안 해. 여기에서도 돈을 날마다 주지 않거든. 자기네들도 가늠은 있으니까 계산을 해 보지. 도망질할 놈들은 미리부터 알 수가 있어. 아프다고 핑계대면서 일은 안 나가고 뭐 '명태 한 마리 구어 주씨요', '정어리 쬐려 주씨요' 하고…… 정어리 두 마리 조려주면 10전, 명태 한 마리도 10전 그러거든. 명태 한 마리 값은 실상 5전도 못 되는 것인데, 그것을 10전씩 받아먹었거든. 그러고도 '지까다비 주씨요', '당꼬 쓰봉 주씨요', '담배 주씨요' 하면서 술 퍼먹고 노는 놈들이 나중에 보면 다 없어져. 보름마다 계산을 하는데 그렇게 자꾸 돈을 쓰니 남는 것이 없이 빚만 지네. 그러면 도망을 쳐.

도망치는 사람은 많았어요?

그렇지. 굴 일을 들어가면서부터는 많이들 도망했어. 그날 저녁에는 잡으러 간다고 하면서 쫓아 가기도 허고. 점푼이, 몽치 그 사람들도 도망쳤다 잡혀오고 그랬다. 그러니까 그날은 점푼이랑 몽치랑 다 도망하자고 약조를 했어. 그적에 나도 같이 했다. 그래서 그날 저녁에 돌아와서는 자기네들이 잠을 안 자고 엿보았어. 나는 갈 마음도 있고, 안 갈 마음도 있어서 멍군장군 하고 있다가 잠이 들어버렸는데. 한참 자고 있는데 그들이 깨더라. 그적에는 나는 잠이 안 깬 것같이 손을 내둘러버렸어. 자기들은 잔뜩 마음이 급하거든. 모르게 도망을 하려고 잠도 안자고 그랬는데. 그러니까 자기네까지 가버렸던가 봐.

그날 일을 갔다 왔더니 어떤 사람이 그러더라. '자네 친구들이 밤에 도망을 하더니 시방 넷이 잡혀 왔다'고. 그러면서 많이 맞았다고 그러더라고. '어째서 때려? 누가?' 그랬더니 용덕이도 때리고 그랬다네. 하기는 용덕이도 잔뜩 부아가 날 만하기는 했어. 인부들이 자꾸 도망치는 판에 넷이 한꺼번에 도망을 쳤으니.

'응, 거 무슨 소리여. 가들이 시방 어디 있는가?' 하고 물었더니 '도두방'[41]에 가보라고 하더라. 도두방이란 것이 연장 두는 방이다. 그래서 밥도 안 먹고 가 보았더니 몽치 봉술이 점푼이 그리고 또 어떤 놈 하나까지 해서 넷이 도망을 갔다가 잡혀왔는데, 그 넷을 등을 맞대서 딱 묶어 놨더라고. 나는 그날 아침에 용덕이가 잡으러 간 줄은 몰랐지. 그랬는데 일하고 왔더니 그렇게 되었단 말이야.

막 갔을 때는 문은 딱 채워 놨더라. 그래서 사무실로 갔어. 왜 그 사람들을 때렸냐고 했더니 '때리기는 누가 때려, 밥쟁이가 때렸지. 우리가 멋 할라고 때리겄냐'고 한단 말이야. 아따! 대번에 화가 나더라고. 함바로 왔더니 용덕이가 있어. 어디까지 갔다가 잡혀 왔냐고 했더니 단천까지 갔다가 잡혀왔다고 그러더라.

---

41) 도구방을 잘못 기억한 것이 아닌가 생각된다.

'그렀다고 때려? 그리도 한 고향인디. 그 사람들이 도망혔다고 허드래도 당신이 잡어 오면 되얐제 왜 때려? 그 따우 행우가 어디가 있어.'

나하고 유필선이라고 하는 사람은 사무실도 늘 들어 다니고 막 휘젓고 살았어. 나는 일 잘 한다고 사무실에서 신임을 얻었어. 그리고 유필선이는 그렇지는 못 했어도 따발따발 말발이 좀 있었거든. 체격도 나보다 좀 크고. 그놈도 장가는 안 간 놈인데, 어떻게 해서 나하고 좀 친해졌어. 술 한 번 받아준 적도 없지마는.

'아 내가 시방 사무실서 알아 봤는디 밥도 안 갖다 주고 그렀담서' 하고 용덕이한테 따졌지. 그랬더니 용덕이가 '아니 자네가 가덜허고 뭣 되기라도 허는가? 자네가 갖다 주거나 말거나 허소' 그러더라.

'뭣이 어찌여? 이 씨벌 놈으 새끼 죽을라고 지랄허고 있네' 하고 성질을 내고 나왔지. 그랬더니 그 여편네가 '아 왜 이래요' 하면서 참으라고 말려.

'아 왜 밥을 안 주어? 상돈이 있는디? 상돈 내버리고 갈 적으는 오직혔으면 도망을 혔겄어. 당신이 고 따우로 헝게 가들이 도망혔제, 글 안 허면 돈 벌로 온 사람이 뭔 염병허고 도망히여? 당신 뺍따구만 치레갖고 갈라고 고롷게 히여? 여그서 나랑 한 번 히볼래?'

그러니까 아무 말도 못 하더라.

'밥 당장 내놓아, 갖다 주게.'

그랬더니 밥이랑 반찬이랑 다 챙겨 주더만. 그래서 갖다 주었지. 그리고는 다 풀어 주었어. 내가 사무실에 가서 그 사람들 풀어줄란다고 했더니 그러면 그 사람들이 안 도망하게 책임지겠느냐고 하더라. 내가 책임지겠다고 했지. 상돈 있는 놈들이 도망하겠냐고 하면서. 그래서 풀어 주었어. 그적에 용덕이를 아주 혼을 냈다. 여럿이 약조를 해서 안 죽을만치 두들겨 주자고 했는데, 차마 때리지는 않았다마는.

그리고 며칠 있다가 몽치가 나보고 '나 못 허겄네. 도저히 못 허겄응게 나 집으로 갈라네' 하고 사정하더라. 그러면서 사무실에다가 말을 좀 해달라고 그러네. 그래서 내가 사무실에 가서 이야기를 했어.

'저 사람 일을 안 헐 사람이오. 그러고 냄새 못 이겨서 막 토히잦히고 허는디 어찧게 일을 허겄소. 상돈 주어서 보내버립시다.'

그래서 그적에 9원 얼만가를 찾아 주었다. 아따! 그리고 나니까 이제 내가 집으로 가고 싶어서 죽겠네. 그래서 집에다 편지를 했지. 나를 좀 불러달라고. 그랬더니 형님이 까침재에서 벌목을 하다가 나무에 치어서 금방 죽게 생겼다고 얼른 오라고 그런 기별이 왔더라고. 그러니까 그적에 까침재 소나무를 발매를 했던가 보더라. 까침재는 인촌 가다 보면 질마재 저쪽에 있는 잰데. 거! 까침재 솔이 참 좋았다. 그러니까 이렇게 비탈이 진 산에서 발매를 하는데, 거기서 일 하다가 사고를 당했다고.

그 기별을 받고 내가 가만히 생각을 해 보았더니 내가 편지를 그렇게 해달라고 했으니까 이렇게 왔지 형님이 그런 데까지 가서 일을 할 양반이 아니란 말이야. 그래서 묻어버렸지. 나중에 용덕이보고 그런 말을 했더니 '아 자네는 갈라면 언제던지 가소. 시방이라도 가' 그러더라. '아니, 안 되야. 나는 가덜 안 헐 사람이여. 그 냥반이 다쳤으면 돈 들어야 낫을 것인디 내가 간다고 벨 수 있간디' 그리고는 안 갔어.

아! 내가 용덕이한테서 찾을 돈이 모두 얼마냐. 상여금 같은 것은 절대 미리 안 주었거든. 그러니까 상여금은 다 저금되어 있어. 품삯에서도 사무실에서 하루 10전씩을 딱 떼어서 저금을 하거든. 그러니까 그 저금돈이 한 달에 3원. 거기다 일한 날이 25일이 넘으면 상여금이 3원, 30일 넘으면 6원을 주었어. 그러니까 돈이 그렇게 불었어. 그래서 내가 한 번은 탑쇠한테 '너 용덕이한테서 찾을 돈이 모다 얼맨지 아냐?' 하고 물었더니 모른다고 그러더라. 그놈을 한 푼도 안 쓰고 다 집으로 보냈지. 한 번에 80원 90원씩 꼬박 꼬박. 그래서 동네에서 부자되어버렸다고 야단이 안 나버렸냐.

■ 그러면 돈은 그날 그날 주었어요, 한 달에 한 번 주었어요?

보름에 한 번 주어. 그것을 보름 간조라고 했다.

■ 그때 하루 일당은 얼마였어요?

1원 60전.

■ 밥값은요?

55전. 굴일 들어가서는 하루 네 끼를 먹었는데 그것이 55전이었어.

■ 그러니까 하루에 1원 5전씩을 벌었군요. 그러면 난장에서 일을 할 때는요?

하루 세 끼 먹고 일당은 1원 40전. 밥값은 50전. 그러니까 하루 90전밖에는 못 벌었어.

■ 난장에서 한 달 일 하고 4원 얼마밖에 못 받으셨다면서요.?

한 달이 아니고 첫 간조로 4원 50전을 받았어. 나는 한 푼도 쓸 일이 없어. 내가 술을 마시냐. 담배를 피우냐? 신고 간 신 그대로 신고 다녔지. 주는 장화 신고 구루마질 하지, 어디 떨어지냐?

돈은 어떻게 부치셨어요?

거기에서는 못 부쳐. 그래서 고성으로 가서 부쳤어. 고성 홍농으로 많이 갔어. 홍농에 가면 우체국이 있어. 거기에서 표를 사서 부쳐. 현금으로도 부쳤는데 현금으로 부치려면 봉투값이 좀 비싸. 70전인가 75전인가 들어. 표를 사서 부치면 돈이 좀 덜 들고. 절반이 들어. 그래서 대개 표를 사서 보냈어. 현금으로도 몇 번 보내기는 했지마는.

표를 사서 부친다니요?

지금도 우체국에 가서 돈을 부치려면 표를 사서 부치잖냐? 그적에 나는 신임을 톡톡히 얻었어. 그래서 만약 내가 간조해서 돈이 30원밖에 안 되는데 50원쯤 보내고 싶으면 사무실에 가서 말해. 그러면 두 말 않고 빌려주었어. 사무실서도 짐작은 있거든. 나는 몰아내도 안 갈 사람인지 알아. 그리고 첫 간조 때 받은 돈을 사무실에다 맡겼어. 내가 날마다 가지고 다니겠냐. 그래서 사무실에다 좀 맡기자고 했지. 그랬더니 그러라고 하더라. 탑쇠도 나 따라서 맡기고.

먹는 것은 어땠어요?

괜찮았어. 밥도 많이 주고. 그리고 나는 거기서도 고기를 좋아해서 소 대가리 추렴도 했다. 가끔 일판에서 가부시끼로 소를 잡아 먹어. 사무실에서도 잡아 먹고. 그러면 열 명이 50전씩 냈던가, 대가리를 사. 그래 가지고 그놈을 삶아서 썰어서 소쿠리다 담아 왔는데, 아따! 소 대가리 참 숫하더라. 고기가 겁나게 많더라고. 또 어떤 때는 돼지 고기를 160몸매[42]짜리 한 근을 사. 그리고 두부를 사고 밥쟁이

---

42) 일본에서 사용하던 무게 단위. 1몸매는 3.75g이다.

한테 간장이나 좀 달라고 해서 그놈을 가지고 냇가로 가지고 가. 그러면 다른 사람들도 고기를 사다가 물 속에다 많이 담궈 놨어. 그러면 고기를 물에다 흔들어서 씻어서는 냄비에다가 끓여. 그래 가지고 그놈을 그냥 혼자서 다 먹어, 한 근을. 그러면 며칠은 시장한 줄도 모르고 지나가지. 그렇게 고기가 좋아. 거기다 대면 풀 그까짓 것은 먹고 돌아서면 다 꺼져버리거든.

또 떡도 거기 떡은 커. 인절미도 큰 사기 대접만이나 하게 큰데 하나에 30전인가 했어. 그것 한 개 단번에 먹으려면 힘들어. 그것을 뜨뜻하게 해서 하나 먹어 놓으면 한 사나흘은 밥을 안 먹어도 든든하다. 그래서 나는 끼니 밥은 남기는 수가 많았어. 아 하얀 쌀밥, 노가대 외씨 같은 쌀밥이야. 담배는 궐연. 집에서는 탑쇠도 솔잎도 피우고 그랬거든. 어머니도 고구마 잎도 말려서 안 피우셨냐. 거기다 대면 거기 가서는 부잣집 자식 되었어. 그런데 옷도 '뭇을 갖다 주시오', '뭇을 갖다 주시오' 해서는 멋쟁이가 되는데, 그런 놈들이 다 도망쳤어. 아 일하러 온 놈들이 멋은 무슨 놈의 멋이냐.

담배나 옷이나 공짜로 주는 것은 아니잖아요?

그렇지, 돈을 받았지. 용덕이가 다 받아 갔어. 그러니까 마흔세 명이 일을 할 적에 한 달에 두 번 간조를 했는데 다 용덕이 돈이지 돈 타는 사람이 얼마 안 돼. 나하고 탑쇠하고나 조금씩 받아오지. 아 몽치나 점푼이도 돈을 못 타. 몽치도 구월막간조에 상돈 살려주었는데 내가 상돈 주라고 사정해서 살펴 주었어.

굴을 팔 때 사부랑기를 들고 파는 것은 중국 사람 둘이라면서요?

그렇지.

■ 처음 팔 때는 굴이 별로 안 크겠네요?

그렇지. 굴을 처음 시작할 때는 기계를 대고 일을 안 해. 처음에는 사람 둘이 겨우 들어갈 정도로 작게 뚫어. 그때는 기계를 손으로 들고 하지. 그것도 솔찬히 무거워. 그러니까 그냥 들고는 오래 못 있어. 그놈으로 노미[43]를 받쳐갖고 키워 나가지. 그리고 그 뒤에 또 키우고…… 그렇게 동동이 키워. 그래서 굴이 좀 커지면 쇠기둥을 천정에서 바닥까지 박아. 그래 가지고 거기다 기계를 딱 매서 손잡이를 돌려. 그것이 기계 뒤에 달려 있어. 그러면 날이 나사로 되어 있어서 뚫고 들어가. 그래서 난장에서부터 남포질을 해서 자꾸 구멍을 키워 들어가거든. 처음에는 사람 둘이 겨우 들어가는 것을 용납할 만큼 뚫어가는데 거기서 뚫어가는 사람도 중국 사람, 남포질 하는 사람도 중국 사람, 남포한 것을 구루마에다 싣는 사람도 중국 사람, 다 중국 사람들이 하더라.

그 굴은 기찻굴만이나 한데 동그래. 기찻굴은 위로 부채 모양으로 길쭉하고 밑은 평평하지 않냐. 그런데 이 굴은 아주 동그란데 높이가 하여간 기찻굴만큼이나 하게 키워. 그리고 산을 뚫고 나가서 골짜기가 나오면 공중에다 콘크리트 관을 만들어서 굴을 만들었어. 나중에는 뭔가로 덮었을 테지. 안 그러면 얼어버릴 테니까. 그러다가 다시 맞은 편 산에 닿으면 또 굴을 파고 들어가. 그러니까 한 회사에서 몇 미터씩이나 일을 맡았는가는 모르지마는 상당히 길어. 네 시간에 한 번씩밖에는 못 밀고 나오게까지 되었으니까 겁나게 안 머냐. 한 번 밀고 나오기 시작을 하면 중도에서 쉬지를 못해. 빨리 나오던 천천히 나오던 들어갔다 나오는데 네 시간이 걸려. 그러니까 여덟 시간에 두 구루마만 하면 된다고.

43) '끌'이나 '정'을 뜻하는 일본어.

▒ 일을 하러 떠나신 것은 정월 그믐이었다면서요?

응, 그래서 시월 초사흘 날 집에 왔어. 그러니까 얼마나 되냐? 여덟 달이 되냐? 날짜로 따지면 여덟 달은 못 돼. 우선 갈 때 사흘 걸려서 갔거든. 그러니까 한 달에 거의 돈 100원씩 번 폭이지.

그런데 거기서도 사금 캐는 것 봤다. 다들 금니를 하고 있더라고. 그래서 알아보았더니 봄이면 냇가에서 수시로 금을 일어. 그놈으로…….

▒ 그렇게 해서 하루에 얼마씩이나 번대요?

재수 좋은 날은 3원쯤 번다고 하더라. 그러니까 상당한 것 아니냐. 그런데 그 사람들도 욕은 봐. 이렇게 큰 함박[44]에다가 모래를 담아다가 이루어. 그런데 일하는 사람들이 금을 옷에다가 쳐바르고 있더라고. 그 사람들은 금을 아니까. 그것이 도둑질 하는 것이거든. 그렇게 해서 집에 가서 옷을 말려서 털어. 그러니까 오죽 하겠냐마는 그래도 그랬어. 내가 전주에서 들었다마는 왜놈들이 김제 금판에서 8톤 추럭으로 네 추럭은 파갔을 것이라고 하더라. 저 송복룡이라고 하는 사람도 금판에서 일을 했다고 하드라. 그런데 거기에서도 사람들이 옷에 금을 바르고 그러더라고 하더라.

▒ 일 잘 한다고 상도 받으셨다면서요?

일 잘 한다고 받은 것이 아니라, 안 쉬고 열심히 일을 해서 돈을 많이 벌었다고 준 것이지. 그때 남한에서 수만 명이 갔는데 내가 돈을 최고로 많이 벌었거든. 그래서 모범 일꾼이라고 주었어.

---

44) 나무를 파서 만든 큰 그릇. 함지박.

결혼, 일본행

내가 북선 가서 700원도 넘게 벌었거든. 그것을 내 여비 빼고는 싹 집으로 보냈거든. 그해 가을에 돌아와서 결혼을 했는데 내가 가지고 온 돈으로 형님하고 같이 정읍에 가서 40원 주고 농을 샀어. 그러니까 내가 집안 살림 말고 개인적으로 쓴 것은 장농 값뿐이지. 너는 그 농 못 보았을 것이다. 와서 보았더니 빚이라고는 싹 다 갚아버리고 큰집 30원만 안 갚았었더라. 그것도 돈이 모자라서 안 갚은 것은 아니고. 그러고 징게 양반이 정짓방[45] 내는 일을 하고 있더라. 그렇게 세상을 살았어.

그리고 뒷밭 서 마지기, 그것이 금구 영감 밭인데 말은 서 마지기라고 해도 지광이 실제보다는 커. 그때 소작은 생계 양반이 벌었는

45) '정지'는 '부엌'의 사투리. '정짓방'은 안방에서 부엌 건너편에 만든 방.

데 양중씨가 흥정을 붙였어. '인자 너그 살림도 괜찮히졌응게 이놈을 사라. 싸게 팔랑게.'

그래서 그놈을 샀어.

■ 그러니까 그것이 땅이라고는 처음 산 것이지요?

암. 처음이지. 비렁뱅이가 여덟 달 벌어서 그 빚을 다 갚고 이제 땅을 샀지. 그러니까 실상 시끄럽기만 했지 빚이라고 해봐야 나락 몇 섬 안 되었던가 보더라. 별것이 아니었어. 이제 생각해 보면.

■ 북선에 다녀오셨을 때 아버지 연세가 어떻게 되셨지요?

그때 스물네 살이었다.

■ 그러면 오자마자 바로 결혼을 하셨어요?

그렇지. 그해는 흉년까지 들어서 모도 못 심었다. 그래서 흉년이 되게 들어버렸어. 그해에 나락 한 섬에 10원씩 했는데, 한 달에 60원 70원 이렇게 도착하면 쓸 것 안 있겠냐. 그래서 부안면 천지에 김덕수네는 이제 부자 되어버렸다고 소문이 났어. 부정에까지도 났어. 그래서 혼담을 처음 이숙이 끄집어냈거든. 중매 말을 했어. '동섭씨 누이도 있고, 판진이라고 그이 누이도 있는디' 하면서. 판진이 동생이라고 하는 사람은 네 어머니하고 동갑이었다. 그러니까 골라잡으라고 했어. 그런데 동섭이네 집은 가난하고 판진이네 집은 잘 살아. 어머니가 나한테 물어보더라 누가 좋은지. 내가 아냐? 그적에 어머니는 실상 판진이네 쪽에 마음이 있었어. 원수놈의 그 돈 때문에. 그런데 이숙이 '사람은 동섭이 누이가 훨씬 낫다'고 그러더라. 그래서 너희 어머니하고 결혼을 했지.

너희 어머니 젊어서는 참 이뻤다. 그래서 누가 욕심을 냈는가 하면 반암 사는 정승원이라고 있었어. 거 참 양반이다. 사람이 점잖았어. 살기도 괜찮았고. 그적에 그이는 죽어버리고 그 아들이 달바운데 나도 그적에 달바우 이름은 알았어. 사람은 나중에야 보았지마는. 그 달바우 동생인가 아들인가 거기서 말을 했던가 보더라. 나도 그 이야기는 나중에야 들었다. 동섭이가 가만히 생각해 보니까 동생을 그리 여의는[46] 것이 낫겠어. 덕을 좀 보게 생겼단 말이야. 나도 이제는 부자라고 부정까지 소문이 났어도 저 자신이 가서 벌어온 것인데 벌었으면 얼마나 벌었을려고 하고는 정승원이네 집으로 마음을 먹었던가 보더라.

그런데 처음 말을 내놓은 이가 판구씨인데 판구씨는 너희 외숙 당질이다. 그러니까 항렬이 낮지. 그래도 꼼짝을 못했어 판구씨한테. 그런 판구씨가 가운데 끼니까 여차직하면 판구씨가 어떻게 나올지 몰라서 별 수 없이 이리 했던 것이지. 그런가 하면 어머니는 판구씨한테는 처형 아니냐. 애초에 판구씨가 어머니한테 동섭씨 누이가 좋다는 말을 해서 어머니가 '그러면 그렇게 허씨요' 하고 승락을 했거든. 그러니 만일 거기에서 마다고 한다면 판구씨도 처형한테 체면이 있을 것 아니냐. 그러면 가만히 있을 양반이 아니야. 가서 불량을 낼 것이란 말이야. 그래서 나하고 결혼을 시켰더란다. 옛말에 '중매쟁이가 짱짱하면 안 될 혼인도 된다'는 말이 안 있냐.

일이 그렇게 되니까 나중에 이모가 와서 이불솜 값으로라도 한 30원 보태주었으면 하고 말을 하더란다. 원체 옹색한 데다가 그나마 흉년까지 만났으니 그럴 것 아니냐. 그러니까 어머니가 '그것은 헌수보고 물어봐야제, 나는 시방 그러고 저러고 헐 수가 없어. 다 가 돈으로 살림살이를 허는디 내 맘대로 헐 수나 있간디' 하고는 나보

46) 원형은 '여의다' 시집보내다.

고 물어봤어. 그래서 내가 이모보고 그랬어. '나 고리 장개 안 갈라오. 무슨 놈으 돈을 주고 장개를 가라오. 아 앙 것도 이불도 히갖고 오지 마라고 허씨요. 무슨 놈의 이불솜 값을 보태주어. 긍게 그런종 알고 이불을 허지 말고 오라고 허시요' 그러니까 이모가 그냥 가버렸다. 단돈 1원 한푼 못 받고. 그래서 너희 어머니는 결혼할 때 딱 이불 한 채 해왔다.

▬ 그때 아버지 연세가 너무 많아서 왜 혼인이 늦었는가 하는 말이 안 나왔어요?

그때 내가 스물 네 살이니까 늦기는 늦었어. 다 가난해서 늦은 것이지. 그래도 너희 외가에서는 '신랑 나이가 너무 많다, 무슨 탈이 있어도 있을 것'이라고 했다는 이야기를 나중에 들었다.

▬ 그러면 어머니는 결혼하고 바로 신행을 하셨나요?

아니, 한 해 묵혔어. 내가 결혼허고 그 이듬해 영광 외가에 가서 1년을 머슴을 안 살았냐, 신행을 안하고. 그리고 너희 어머니는 친정에 그대로 있었고.

▬ 그때 영광도 살림이 별로 신통치 않았었다면서요?

그렇지. 영광도 농사가 광작(廣作)이었어. 다 우리 외가 큰집 그러니까 동아실 아저씨, 너도 알지, 그 집 논이야. 논은 참 좋았다. 그래도 풍년 든다고 해야 논 한 마지기에 대 여섯 말씩밖에 못 받는 세상인데, 그까짓 것이 무슨 부자냐? 그런데 집 짓는다고 왜놈한테 돈 빌리고, 명당 잡는다고 사랑방에 지관 끼고 살고. 그러니 살림살이가 어떻게 될 것이냐. 우환 중에 그해에 흉년이 크게 들었어. 그래서 그 좋은 논이 전부 왜놈 논 되어버렸다. 모두 일흔두 마지기. 그것을 다 소작으로 벌었어. 우리 한국사람 하는 짓거리가…….

그래도 다른 데로 이사를 안 가고 거기에서 살았지. 그러니까 꼭 부자 같았어. 집 좋지, 농사 그렇게 많이 짓지. 가을이면 나락 벼눌[47]이 산더미 같았지. 나락 벼눌 누를[48] 적에도 밑자리부터도 잘 누르는 사람이 눌러야 하는 것이다. 안 훑은 나락 백 짐을 한 '먹'이라고 하고 그놈을 쌓아놓은 것을 '먹벼눌'이라고 하는데, 마당에 그런 놈이 쌓이지. 그러니까 부자 같이 생겼어. 실상은 별 것 없었어도.

소작이라도 초동 외숙네가 그 동네서는 제일 나았어. 그래서 머슴 들이고 살았어. 그런데 내가 외가에 갈 적에는 초동외숙이 집에까지 와서 나보고 와서 농사짓는 것 감독을 좀 하라고 그러더라. 핑계는 경원이가 광주 공무원 양성소에 가게 되어서 머슴들 데리고 농사를 지을 사람이 없다는 거였어. '그러고 니 신행도 영광으로 헐폭 잡고' 그랬어. 그러니까 말하자면 살림을 아예 영광으로 옮길 예산을 세웠어. 어머니도 다 승락을 하셨어. 그래서 1년을 있게 되었는데 감독은 무슨 감독. 내가 머슴이 되어버렸지. 어디 머슴을 들일래야 머슴살이를 할 사람이 있어야지. 사람이 없어. 거기다가 철이 늦기까지 하고. 그래서 저절로 머슴살이가 되어버렸지.

---

47) 노적. 국어사전에는 '낟가리'라고 설명되어 있으나 그 지역에서는 '낟가리'와는 달랐다. 이삭이 쉽게 떨어지는 통일벼 계통의 농사를 짓기 전까지만 해도 벼는 들판에서 훑지 않았다. 베는 대로 묶지 않고 논에 펼쳐서 말려 가지고 적당한 크기로 묶는데, 이렇게 묶은 것을 '다발'이라고 한다. 이러한 다발 열 개씩을 十자 모양으로 쌓아두는데, 이것이 '낟가리'고 한 낟가리가 한 짐이다. 이것을 집으로 져 날라서 쌓아 놓는데, 이렇게 쌓아놓은 것을 '벼눌' 실제 발음으로는 '베눌'이라고 한다. 그러니까 '벼눌'은 '노적'(露積)과 같은 뜻이다. 그랬다가 들에서의 가을걷이가 끝난 초겨울이 되면 놉을 사서 훑었던 것이다.

48) 원형은 '누르다' 쌓는다는 뜻인데, 벼눌은 쌓는다고 하지 않고 누른다고 했다.

처음에 새경을 정하기를 나락 석 섬에 돈 30원에 옷도 다 주기로 했어. 그적에 쟁기질도 할 줄 알고 무슨 일이든지 할 줄 아는 상머슴이 석 섬에 돈 40원을 받았어. 부안 같이 농토가 많은 데에서 그렇게 받는데 나는 30원을 받기로 했으니까 부안에 가서 남의 집사는 것보다 10원이 적어. 그때 새경 석 섬 받아서 산 샀다. 시방 큰집 산이 그것이다. 그래도 그것은 나중 일이고 그적에는 나는 일을 안 하고 감독이나 할 폭 잡았는데 나중에는 머슴이 되어버렸단 말이야. 그 많은 농사 짓느라고 죽을 욕을 봤지 그 해.

그리고 가만히 생각해 보았더니 아무래도 못 쓰겠어. 그래서 하루는 외숙보고 그랬어.

'외숙 도랑 너머에 있는 논 세 마지기를 나나먹기[49]로 질라오.'

'니가 어떻게 나나먹기로 짓겄냐?'

'비료값 같은 것은 내가 부담을 하고, 일 하는 틈틈이 농사를 짓지요. 어찌겄소? 나를 모심으로 데러왔소? 감독으로 데러왔제. 근디 모심이 안 되야버렀소. 그렁게 모심을 디릴 것 없이 그놈을 나나먹기로 주시요. 그러면 인부는 내가 으찌게든지 헐텡게. 먹기는 외숙 것 먹고.'

'그리라.'

그래서 그것을 내가 나눠먹기로 지었어. 그 논은 도랑 너머에 있어서 물이 한 수통으로 안 들어가. 영광 들 한 가운데로 도랑이 있는데, 그 도랑 너머에 서 마지기가 따로 있었단 말이야. 그놈을 내가 짓는데, 농사가 잘 되었어. 그러니까 외숙 입으로 농사를 지은 폭이지. 고지[50]꾼도 외숙 것 먹은 사람을 내가 부리고, 품앗이도 하고,

49) '나눠먹기' 이른바 병작반수(竝作半收)를 말한다. 농사를 지어 나온 것을 지주와 소작인이 반씩 나누어 갖는다.

50) 겨울이나 봄에 식량이 떨어진 사람들이 오는 농사철에 일을 해주기로 하고 부잣집에서 품삯에 해당하는 곡식을 가져다 먹는 것.

틈나는 대로 가서 일도 했지. 그래도 그 틈이 어디 내 것이냐? 내가 새경 작정하고 사는데. 평생 외숙 것으로 나눠먹기를 지은 것이지. 그렇게 해서 훑어놓으니까 아홉섬 반이 나왔어. 잘 나왔지.

‘어찧게 헐거라우?’

‘아 인자 와서 니가 말을 히야제 내가 으찧게 말을 허겄냐.’

‘아자씨가 한 섬을 더 가저가이시요. 그러고 묵지[51]도 아자씨가 가져가이씨요.’

그러니까 외숙이 별 수 있냐, ‘그렇게 허자’ 그러더라. 그렇게 해서 내가 넉 섬을 차지했어. 아홉 섬씩이나 나왔으니까 묵지도 솔찬 안 하겠냐. 그때도 호롱기[52]로 훑었으니까. 그래도 나는 나락 넉 섬이 공짜로 생긴 폭이 아니냐.

■ 그때도 벌써 호롱기가 있었어요?

그럼. 그 많은 농사를 어떻게 손으로 다 훑을 수가 있냐? 거기는 돈나락[53]이나 홀태로 안 훑었어. 다 호롱기로 훑었어.

■ 영광은 일찍부터 호롱기가 들어갔네요?

암언 그렇지. 고창에도 호롱기가 있었어. 우리 근방에서는 하도 가난하니까 안 썼지. 그적에 호롱기 한 대에 60원 70원 했다. 그래도

---

51) 벼를 훑으면 알갱이가 모두 낱알로 떨어지지 않는다. 어떤 것은 이삭이 통째로 떨어지기도 하고 일부가 떨어지기도 한다. 벼를 훑을 때는 홀태 앞에서 그렇게 떨어지는 것을 갈퀴로 검불까지 긁어 모은다. 이것을 묵지라고 한다. 이것은 따로 벼눌을 눌러 놓았다가 날을 잡아 검불은 바람에 날려버리고 이삭은 도리깨로 두들겨 턴다. 이것을 ‘묵지 친다’고 한다.

52) ‘굴통탈곡기’. V자 모양의 철사를 거꾸로 박아 놓은 통을 그것에 연결된 발판을 밟아 돌리면서 벼를 가져다 대면 벼가 털어진다.

53) 벼를 훑어서 저녁이 되면 각자가 훑은 것을 말로 되어 품삯을 주는 방식의 벼훑기.

장터쪽으로는 호롱기를 썼어. 우리 집에도 안 있었냐. 내가 영광서 와서 산 것이다.

■ **우리가 호롱기를 산 것은 한참 뒤의 일이지요. 제가 대학 다닐 때였어요.**

모르겠다. 어떻든 상골에서는 우리가 제일 먼저 샀어. 나보다 나중에 형환이가 사고. 그리고는 아무도 안 샀지.

내가 영광으로 갈 때는 아예 살림을 그쪽으로 옮길 생각을 했다고 안 했냐. 그래서 신행도 그쪽으로 하기로 했어. 가만 있자, 초동 외숙네 집이 방 칸 부엌이 2간 그래서 육간 모퇴다. 거기다가 고패집.

■ **그러면 상당히 큰 집이네요?**

그렇지. 그래서 초동 외숙네 집 고패[54]에다가 방도 하나 들이고. 나도 승락을 했다. 어차피 장가는 갔다고 하지만 아직 신행을 안 했으니까. 내가 가만히 생각해 보았지 그쪽으로 가면 괜찮을 성 싶더라. 아 외가 것 먹고 조금씩 끄덕거려주면 내가 버는 것은 전부 다 내 것 아니냐. 거기다가 내가 나눠먹기를 더 얻어 벌 수가 있거든. 그리고 나는 거기 원당에서 일 잘 한다고 울려버렸으니까. 사람들이 '자네 체구만 보고 판단하다가는 참 큰일 나겄네' 그랬어.

원당 머슴들한테 제일 어려운 것이 뭣인고 하니 물 기르는 것이다. 물길이 겁나게 멀어 그 동네가. 샘이 샘재라고 하는 잔등 너머에 있는데, 그것이 상골로 말하면 장근이네 집 넘어가는 잔등보다도 깔그막은 오히려 더 한다. 그래도 길은 넓어. 그런데 물지게가 양철로 만든 놈은 가볍지 않냐. (영광에서는) 나무통을 쓰는데 그 나무통

---

54) 고패는 구부러져 있는 모퉁이 부분. 고패집은 ㄱ자나 ㄴ자처럼 구부러진 집.

은 한 짝에 양철통으로 두 동이씩 들어간다. 그것을 하루 아침에 다섯 번은 길러야 해. 그러면 4×5=20 하루에 스무 동이를 먹는 폭이지.

다른 사람들 물 긷는 것을 본다치면 통을 샘에다 집어 넣어가지고 단번에 불끈 들어올려서 긷는다. 나는 어디가? 어림도 없어. 그래도 나중에는 나도 했다. 힘이 많이 들어. 어떻게 들어올리는가 하면 물 속에다 통을 쑥 눌러 넣어. 그러면 통이 저절로 뜨거든. 그것을 살살 몇 번 하다가 솟아오르는 힘으로 쑥 들어올리지. 남들이 보고는 '아이고 참!' 하고 놀래면서 혀를 내둘렀어.

그리고 그적에 박단련이네 집 마당이 넓었어. 그것도 이제는 다 논이 되어버렸다마는. 그 집 마당에서 공판이 섰어. 외가에서 거기까지는 한 통발[55] 걸음이었는데, 떡 지게를 바쳐 놓고는 나락 한 섬씩 누가 밀어주고 할 것도 없이 혼자 지고 일어나서 갖다 부리고 그랬어. 그런데 영광 지게는 고창 지게하고는 좀 달라. 고창 지게는 구멍을 뚫어서 지게 가지를 안 박냐. 그런데 영광에서는 그렇게 안 하고 원래 가지가 난 것을 골라서 지게를 만들어. 그것을 '제 가지 지게'라고 하는 것이다.

55) 나락 한 섬을 지고 쉬지 않고 한 번에 가는 거리를 '한 통발'이라고 한다.

어느 것이 더 단단한가요?

단단하기로 말하면 제 가지 지게가 훨씬 단단하지. 고창 지게는 깔고 앉지를 못해. 깔고 앉으면 어긋나버리거든. 그러니까 지게를 세워놓고 짐은 실어도 깔고 앉지는 못해. 그래도 제 가지 지게는 아무 데라도 턱 대놓고 깔고 앉거든.

영광으로 신행을 하기로 했다면서, 어째서 하지 않으셨어요?

그것은 어머니가 못하게 하셨다. 신행을 하려고 했는데 '아들이라고 단 3형제뿐인데 뭣 헐라고 그리 갈라고 허냐. 그러고 인자는 먹고 살기도 아무 일 없는디' 하면서 말리셨어. 그래서 못 갔지. 나는 그래도 '내 곁이 뭇이 있소?' 하면서 가려고 했어. 그랬더니 어머니가 그러시더라.

'아이 그리도 너 없으면 살림을 못히야. 그러고 이게 다 니 살림이제 누 살림이냐?'

'멋이라고요? 그러고 내가 간다고 형제간이 아니간디? 그리 가먼 앞으로 살기도 괜찮을 성 싶어요. 그리서 갈라고 그래요.'

그래도 형님도 말려. '겉보리 서 말만 있으면 처가살이 안 헌다고 허는 말이 안 있냐. 외가살이나 처가살이나 똑같은 것인디, 옛날부터 안 헌다고 허는 것 아니냐' 하면서 말렸어. 내가 어머니 생전에는 어머니 말씀은 무엇이든지 다 들어드리려고 했었어. 시방 생각해도 영판 가슴 아픈 것이 아버지한테 효도를 못한 것이다. 그래서 결국 못 갔지.

그래서 상골로 신행을 하셨어요?

그랬어. 그때 집은 지금 상현이가 살고 있는 그 집이다. 내가 북선에서 오니까 집을 고치고 있었는데 그때 정짓방을 들였어. 그러니까 윗방까지 셋이지. 그래서 작은 방에서 살림을 시작했어.

▒ 그러면 그렇게 한 집에서 살림을 하다가 제금은 언제 나셨어요?

제금은 전승경이네 떼집을 사서 났는데 그것이 지금 상현이네 집 옆에 있는 두환이네 감나무 밭 자리에 있었어. 그것이 내 집이었어. 처음에는 제금을 나려고 해도 어떻게 할 수가 있어야지. 결국 그 집을 무명베 한 필을 주고 샀다. 전승경이한테서.

그 집은 전승경이가 만동댁하고 내외간에 지은 집이다. 상골이 돌은 안 흔하냐. 산탯재로 어디로. 그런 돌을 주워다가 집을 지은 것이지. 집을 지을 때는 먼저 돌로 한 줄을 주욱 싼다. 그리고는 흙을 이겨서 또 한 줄을 쌓아. 그러니까 흙 한 줄 놓고 돌 한 줄 놓고, 그렇게 그냥 그냥 쌓는 것인데 기술 있는 사람이 하는 것도 아니고 하니까 엉성할 것 아니냐. 그러니까 다 쌓아 놓고 흙을 이겨가지고 구멍이 있는 것은 옆에서 때려서 매워. 그것을 '조약담'이라고 하는 것이다. 그러니까 말하자면 조약담 집인데 그것도 삐다닥해서 금방 쓰러지게 생겼어.

그것을 어떻게 해서 무명베 한 필을 주었는고 하니 승경이가 성내로 이사를 가게 되었어. 그이가 이사하면서 나보고 '우리 이삿짐 한 짐 져다 주소' 그러더라. 그래서 내가 '그러씨요' 하고 대답을 하고는 '근디 어찌서 이사를 갈라고 허요?' 하고 물어보았어.

그랬더니 이야기 하더라. 승경이가 가맛재에 논 서 마지기를 가지고 있었어. 그런데 어떻게 했는지 그것을 판다고 소문이 났든가 보더라. 지완이 형환이가 승경이를 봉 잡았어. 그놈을 흥정을 했어. 계약금은 안 받았어도. 나중에 승경이가 가만 생각해 보았더니 논금이 그렇게 안 가. 더 받게 생겼단 말이야. 그래서 안 판다고 했어.

그랬더니 두 놈들이 승경이를 많이 때렸다. '나쁜 놈의 자식, 늙은 놈이 자식도 없는 놈이 이랬다 저랬다 헌다'고 하면서. 자식 없으면 그렇게 서러운 것이다. 그렇게 해서 별 수 없이 성내로 가게 되었어.

더펄이라고 토수(土手:미장이)인데 만동댁 친정 동생이다. 그러니까 말하자면 승경이 처남 아니냐. 그 사람이 상골 살다가 성내로 갔어. 그래서 그리 간다고 그래. 그래서 이삿짐을 져다 주었어. 이삿짐이라고 별 것도 없어.

'그리서 놉은 또 누구 얻었소?'

'아 자네하고 나허고 둘이 져도 벨 것이 없네.'

'그러요? 그러먼 갑시다.'

그렇게 해서 짐을 지고 가는데 흥덕 녹사리 들을 막 넘으면 거기에서부터가 성내면인데 아직 절반도 못 가서 신월린가 하는 동네쯤 가서 쉬었어. 그래서 남의 보란[56]에 가서 지게를 받쳐놓고 쉬었어. 그때가 봄인데 날씨도 따뜻했어. 짐도 가볍고. 그런데 쉬면서 승경이가 느닷없이 그러더라.

'자네 우리 집 사소.'

'아이고 먼 집을 사라오, 그런 집을.'

'자네는 젊응게 나중에 기와집이서 살고 잪으먼 기와집이서 살고, 초가집이서 살고 잪으먼 초가집이서 살고, 양옥집이가 살고 잪으면 양옥집이가 살고 그럴 것이네마는. 그리도 시방은 내 집 사소. 내가 많이 도라고도 안 헐팅게 미영베 한 필만 주어. 마흔 자짜리 한 필만 주어.'

그래서 '그러먼 그러씨요' 해서 무명베 한 필을 주고 샀지. 그적에 무명베 한 필에 얼마나 했는지 모르겠다만. 그래 가지고 바로 제

56) '보란'(寶欄)(?) '보란'은 옛 건축에서 난간의 한 종류를 일컫는 말인데, 우리 고향에서는 무덤에 딸려 있는 잔디밭도 이렇게 불렀다.

금을 났어. 큰집 작은방에서 살다가 나온 것인데 그것이라도 딴솥밥을 해먹고 싶어서 난 것이지. 너희 어머니가 제금난다고 참 좋아했다. 바로 옆집으로 가는 것인데도 영판 좋아했어. 그러다가 우리집 자리로 이사를 했는데 우리가 처음 상골로 이사해서 살던 터였어 그것이. 그러다가 안 무너져버렸냐.

▬ 그러면 그동안 그 집 자리는 어떻게 되어 있었어요?

빈터로 자빠져 있었지. 거기에다 내가 집을 지어서 들어갔어. 그적에는 헐어진 집 자리에다가는 집을 안 짓는다고 그랬다. 불난 집 자리에도 집 새로 안 짓고. 나는 그런 것 저런 것 안 가리니까 거기에다 집을 지어서 살았어. 그러니까 나는 그전까지 큰집 살림만 한 폭이지. 나 결혼할 때도 어머니든 형님이든 고련 한 푼[57] 보태준 것이 없어. 다 내 것 가지고 내가 다 했지. 먹고 사는 것이 다 내 것 아니냐. 영광에서 남의 집 살아서도 큰집에다 다 쏙 주어버렸지. 그 놈으로 산 샀으니까.

그적에 집을 지을 나무는 내가 동규한테 샀다. 그적에 산 살 때 '이쪽으 제목까지는 주소' 하고 내가 동규보고 그랬어. 동규하고 나하고는 그적에 사이가 별로 안 좋았어. 왜 그랬는가 하면 그적에 나도 이제 스물 대 여섯 살 먹었는데, 동규는 나보다 나이는 덜 먹었거든. 그런데 가만 보면 영철이가 동규하고 참 친해. 노름하러 다니면서도 같이 다니고. 영철이가 그 아버지 때부터 그 집에 다니면서 심부름을 하고 그랬거든. 그래서 그랬는지 어떤지 가만 보면 영철이가 좋은 쉐터 같은 것을 입고 있어. 그래서 어디서 났느냐고 하면 동규가 주었다고 그래. 그러던 차에 한번은 술좌석에서 다툼질이 났어.

---

57) '고련'(苦楝)은 소태나무를 말하는데 이 나무즙이 매우 쓰다. 그러니까 '고련 한 푼'은 '쓴 돈 한 푼'의 뜻이다.

‘니까짓 것이 돈을 벌어서 으찌고 으찌고 헌다고?’

‘뭇이 어찌여?’

나도 술 먹은 참이라 가만히 안 있었지. 내가 어디 성질이 좋은 사람이냐. 안 좋을 적에는 사정없이 안 좋은 사람이야.

‘건방진 소리 말어. 니가 나 뭇 조깨라도 주어봤냐. 산도 나 돈 주고 샀어. 너 영철이는 옷도 주고 벨 것 다 주고 그랐제. 나 술 한 잔 받어주었냐?’

그적에 내가 술을 내는 판이었어.

‘니가 나 뭇 주었어? 너는 영철이허고 좋아허제 나허고는 외사촌 남매간이라고 니가 나는 꼽아주기나 허냐?’

내가 막 쏘아붙였어. 나중에 저도 생각해 보았을 것 아니냐. 생각해 보니 대처나 그렇거든. 그래서 나중에 노름하고 다니면서 산 팔려고 할 때 나보고 사라고 해싸.[58] 그래서 사기로 하고 석 섬에 흥정을 지었어. 그리고 내가 말했지. ‘자네 도라고 허는대로 줄 것잉게 그 대신 자네 산에서 삼간 집 하나 지을 집 재목 좀 줄랑가 안 줄랑가? 준다고 허먼 사고 안 준다고 허먼 안 살라네’ 그러니까 그놈 팔 욕심으로 ‘그러소’ 그러더라. 그래서 내가 또 ‘내가 집을 당장은 못 지어. 그렁게 내가 비어다 쓸 놈을 짬매주어. 자네 맘대로. 나는 쬐깐허게 삼간집이라도 자네가 재목 주는 것 봐감서 질랑게. 그러먼 인자 지둥감은 다른 디서 안 사도 되야. 서끌만 없제’ 했어.

그랬더니 그것까지 그렇게 하기로 하고 자기가 직접 산에 가서 나무 하나하나 묶어주었어. 내 것이라고 표시를 한 것이지. 그래서 거기서 집 지을 재목을 냈어. 그러고도 짓기 전에 베어다가 저쪽에다가 이어놓고 한 삼 년 있었다. 재목을 깎지도 않은 채로.

58) ‘--싸’는 표준어에는 없는 접사로 어떤 일이 반복적으로 이루어질 때 쓴다. ‘해싸’(자꾸 한다) ‘먹어싸’(자꾸 먹는다) 등과 같이 사용된다.

▒ **누님 위에 아들이 하나 있었다면서요?**

응. 있었는데 죽었어.

▒ **그러면 그 아들은 상현이네 집 자리에서 낳았어요?**

그랬지.

▒ **누님은요?**

누도 거기서 낳았지.

▒ **그러면 형님은 집에서 낳았어요?**

아니. 형도 상현이 집 자리에서 낳았어.

■ 그러면 그 집에서는 몇 년이나 살았어요?

이탠가, 삼년인가, 잘 모르겠다.[59] 그 뗏집이서 6·25를 안 겪었냐.

■ 저는 그 집 부엌에서 낳으셨다면서요?

그적에 우리는 고부 양반네 작은 방에서 살았어. 그 전에 뗏집에서 사는데 인공이 돌아오니까 자꾸 공산당들이 찾아다녀. 아니 6·25가 돌아오기 전 한 달간도 한데잠(노숙)을 했다. 형님은 그적에 구장질 하고 있었는데 하오산 다니면서 자고, 지서 다니면서 자고. 나는 들판에서 잤어. 그 무렵에 뗏집을 없애버렸어. 왜 그랬는고 하니 두환이네 집에서 자꾸 말을 해. 그 집이 땅은 두환이네 것이거든. '아이고 집이라고 다 씨러지게 생겼는디 다른 디로 으쨓게 허고 땅을 비워주소. 나도 이것 벌어 먹어야 헐 것 아닌가' 그런단 말이야. 제 땅이니까 그럴 것 아니냐. 그래서 헐어버리고 고부 양반네 작은방을 얻었지. 거기서 일 년인가 살았어.

그리고는 고부 양반네 집에서 접방(接房)[60]살 때 너를 낳았는데 그적에는 아직 이사는 안 했어도 집은 다 지었어. 그런데 남의 접방에서 애기를 낳으면 안 좋다고들 그러더라. 그적에 내 집이라고 아직 다 꾸미던 못했어도 거의 다 지었거든. 그래서 그 집에서 낳았지. 그것도 처음 집을 지으면 정지에서 애기를 낳는다는 풍속이 있었어. 그래서 정지에서 낳았어.

■ 아버지 아래에 남양군도에 가서 죽은 삼촌이 있었지요?

이름이 준영인데 군속으로 가서 죽었다.

---

59) 이 숫자는 계산이 맞지 않는다. 아무리 짧게 잡아도 5~6년은 되지 않을까.

60) 셋방. 의미는 같지만 셋방은 돈을 주고 빌렸다는 의미가 강하다면 접방은 같은 집에 산다는 측면이 강한 것 같다.

▒ 징용이 아니고 군속이요?

군속이라고 했어.

▒ 몇 년도 일이었는지 혹시 아세요?

모르겠다. 그런데 그것도 자원했다. 징용은 강제로 끌어 갔다마는 이것은 그렇지 않았어. 그적에도 어머니는 못 가게 말렸어. 그래도 끝내 간다는 거야. 그래서 갔지. 그 아이하고 나하고는 세 살 차이였다. 가서는 바로 죽었어. 내가 북선에 가서 돈을 벌어 오니까 괜찮을 줄 알고 갔을 것이다마는 북선하고 남양군도가 같냐 어디?

▒ 그때 아버지께서 일본에 가셔서 시신을 받아 오셨다면서요?

그랬지. 그것은 북선에 갔다 와서다. 북선도 갔다 오고 장가가서 제금도 나서 살 때 일이다. 그적에 내가 나무하러 갔던가 하여간 밖에 나갔다 집에 왔더니 형님이 그러더라. 준영이가 남양군도에서 위급하게 되어서 일본으로 왔다고 기별이 왔다고.

'그러면 어떻게 히야 헐 것이요?'

'아이고 가봐야제.'

연락이 막 왔을 때 집에서는 안 죽은 줄 알았거든. 연락이 오기는 전보로 왔는데 죽었다고 한 것이 아니라 위독하다고만 왔으니까. 그래서 죽기 전에 가봐야 한다고 해서 가기로 한 것이지. 그런데 그렇게 결정을 보고 나서 형님보고 가라고 하니까 형님은 절대적으로 못 간다네.

'암만히도 니가 낫어야. 북선도 갔다 오고.'

'아니, 암만 히도 구장이라도 허는 형님이 낫제 내가 (일본)말을 헐종 아요 뭇 허요? 형님은 그리도 구장질도 허고, 다소간 한문자라

도 좀 알고 허는디. 내가 가서 참말로 어찧게 헐 것이요?'

그래도 못 간단 것이야. 나보고 가라네. 헐 수 없이 내가 가기로 했지. 그런데 그적에 일본을 가려면 경찰서에 가서 도강증을 얻어야 하거든. 그래서 전봇장 그대로 들고 경찰서에 갔지. 경찰서에서 곧바로 가겠느냐고 묻더라. 그런다고 했더니 가서 사진을 찍어 오라고 해. 사진도 바로 나오는 사진 있어. 그놈은 돈을 조금 더 주어야 하지만. 돈은 어디서 났는고 하니 그적에 우리가 군(郡)에서 준 씨앗 송아지[61] 한 마리를 키웠어. 그 씨앗소를 팔았어. 그적에 40 얼만가 30 얼만가 모르겠다마는 받았어. 그래서 내가 10원인가 15원인가만 갖고 다 형님 드렸어. 그리고 그날로 바로 도강증을 만들었어.

그놈 가지고 집에 와서 하루 저녁 잤지, 내일 떠날 폭 잡고. 그런데 막상 가려고 하니까 옷이 문제네. 나는 한복밖에는 없거든. 그적에 탑쇠 동생 성렬이가 양복을 입고 다녔어. 그래서 그놈한테서 입고 다니던 양복을 빌렸어. 입어보니까 다행히 잘 맞더라. 오바도 그놈한테서 빌리고. 그래도 갈 때는 양복은 안 입고 한복에다가 오바만 입고 갔어. 양복은 가방 속에다 넣고. 내가 왜 양복을 안 입었는고 하니 말을 할 줄 모르니까 차라리 한복 입어야 한국 사람인 줄 알 거 아닌가 생각한 것이야.

그리고도 사람들이 객지에 간다 치면 '물샘'[62]으로 병이 난다고 하면서 그런 데는 먹던 물을 마셔야 한다고 하면서 상골 물을 가지고 가야 한다네. 그래서 상골 샘물을 대두병으로 두 병 가지고 갔어. 멍청이 짓거리도 퍽 했어. 가방에다가 그 물 두 병 넣고, 미숫가루 타서 먹어야 한다고 하면서 만들어 주어서 미숫가루네 뭐네, 그리

---

61) 송아지를 큰 소로 길러주면 송아지 한 마리를 주는 사육 방법. '씨앗(실제 발음은 '압')소'라고 줄이기도 하고, 24달을 기르기 때문에 흔히 '이십사삭 먹인다'고도 하였다.

62) 먹던 물이 바뀌어서 탈이 나는 것.

고 약도 좀 사서 넣고 하니까 가방이 겁나게 무거워. 그렇게 해서 가게는 되었어도 막상 가려고 하니 아이 참말로 꼭 죽을 일만 같아. 양복 같은 것은 어떻게 빌렸어도 우선 말도 안 통하지.

그런데 그적에 형환이가 일본 가 있었어. 그래서 형환이한테 기별을 했지. '내가 이만저만 해서 일본을 가게 되었으니까 네가 어떻게 좀 도와달라'고. 그런데 그적에 나는 동경으로 가는 것이 아니라 요꼬스까라고 하는 데로 가야 해. 준영이가 해군 군속이었으니까. 그적에 해군 본부가 요꼬스까에 있었다. 그래서 그리로 가야 한단 말이야. 더군다나 군부로. 우리나라 군부도 아니고 왜놈 군분디 어떻게 할 것이냐. 그래도 별 수 없이 나섰지. 그래서 부산까지는 기차를 타고 갔어. 기차 타고 대전으로 돌아서.

■ 그때 아버지는 일본말을 전혀 못하셨어요?

못했지. 듣는 것은 다는 못 알아들어도 조금씩은 알아들었다. 그래서 이제 부산에서 연락선을 탈 차렌데 어떤 사각모자 쓴 학생 하나가 가방 두 개를 들고 몸부림을 해쌌네. 가방도 내 것보다 크더만. 그래서 '아니 으디 사는 사람이요?' 하고 말을 붙였지. 그랬더니 평안도 어디 산다고 하더라. 어디로 가느냐고 물어보았더니 동경으로 간다고 그러더라.

'그러면 당신이 가는 디까지만이라도 나를 좀 데로꼬 가주시요. 내가 일본말을 못히서 그러요.'

그랬더니 '그렇게 합시다' 해서 가는 데까지는 같이 가기로 했지. 그런데 가만 들어보니까 삼밭으로 간다고 허는 것 같더라. 무슨 삼밭을 가는가 했는데 알고 보았더니 배타는 다리보고 삼밭이라고 하던가 보더라.[63] 그래서 그 사람하고 동행을 했지. 그 사람은 짐을 두 개 들었더라. 그래서 내가 하나를 들었지. 부피는 내 것보다 커도 무게는 내 것보다 좀 덜 하더라. 그래도 내 것만 해도 무거워 죽을 지경인데 그놈까지 드니 죽을 지경이야. 그래도 그 사람 하는 대로 배 타는 데로 따라갔지.

그러고 내가 그 사람한테 형환이 주소를 가르쳐 주어서 하관(下關)에서 형환이한테 전화를 했어. 내가 한 것이 아니라 그 사람이 해주었지마는. 몇 시에 요꼬스까에 내린다고 하면서 좀 나오라고. 그리고 나니까 그 사람이 '이제 가면 그 사람이 나와 있을 것이요' 그러더라.

그적에 배가 제 시간에 못 가더라. 일본 거의 다 당도하니까 폭격 무서워서 불도 다 꺼버리더라고. 그전부터 그렇게 가던가 봐. 하관

---

63) 선창이나 부두를 뜻하는 '잔교'(棧橋)의 일본어 발음 '산바시'(さんばし)를 일어를 못하시는 아버지가 '삼밭'으로 들은 것이다.

말이 있는데[64] 초학이 열이 나고 그러거든. 그적에 말라리아가 대유행을 했어. 그적에 남양 군도에 많은 사람들이 갔거든. 거기에서 걸려왔지. 한국에도 크게 펴졌었어. 그래서 초학 안 겪은 사람이 별로 없어. 다 한 번씩은 겪었지.

그런데 그 사람이 꼭 팔뚝만이나 한 인삼을 접지도 않고 바짝 말린 것을 한 뿌리 주더라. 진안이 인삼 고장이다. '금산 인삼'이라고 하지만 금산에서는 인삼이 별로 안 나와. 진안에서 나와. 웬 인삼을 주느냐고 했더니 그 사람이 그러더라. 일본에 말라리아가 크게 펴져 있는 것을 알고 돈을 벌려고 인삼을 많이 가져왔다고. 그런데 막 날것으로 씹어 먹어도 안 낳는다는 거야. 내 것만 그런 것이 아니라 다른 사람들 것도 안 낫더라는 거야. 그래서 가지고 온 삼만 다 없어져버렸다고 하면서 '당신이 고창서 왔다니까 주는 거요. 거기는 삼이 안 나는데 아니요. 이놈 하나 가지고 가시오' 하면서 주어. 그래서 가지고 왔어. 그리저리 해서 일본 갔다가 꼭 보름 만에 왔다.

그 인삼을 가지고 한국에 와서 형님하고 같이 부러뜨려 보았더니 바람이 든 것 같이[65] 구멍이 숭숭 나 있는데 꼭 소나무 모양으로 나이테가 있어. 한 해 한 해 크는 것이라서 그것이 다 있어. 그런 것이라야 진짜 삼이다. 시방 인삼은 뭐 쭈글쭈글 해 가지고…… 그런 것은 삼도 아니다. 요새는 술안주로도 주고 비빔밥에다가 넣어 주기도 하고 안 그러냐. 그런 것은 아무 기운이 없어. 삼도 아니야.

---

64) 이 말은 그만큼 보리 베는 일이 힘이 든다는 말이다. 옛날에는 보리를 하지 전에 베었기 때문에 몹시 더웠다. 비슷한 시기에 모내기도 하지만 모내기는 논 즉 물이 있는 곳에서 하기 때문에 보리 베기보다는 더위를 덜 느끼면서 할 수가 있다. 그래서 이런 말이 나온 것이다.

65) 저장해 둔 무 같은 것 속에 구멍이 숭숭 뚫려 있는 것.

■ 그래서 받아 온 재는 어떻게 하셨어요?

장사를 지냈지. 그것도 면민장으로 했다. 군속으로 갔다 왔다고 일본 사람 같이 면민장으로 해 주었어. 학교에서 행사를 하고 상여 태워서 수리냉기에다가 묻었다.

■ 그러면 지금도 거기에 그대로 있겠네요?

그럴테지. 그래도 찾지는 못해. 봉분을 안 만들고 다 평장으로 했으니까. 장가를 안 갔으니까 그렇기도 하지만 일본식으로 한 것이지. 일본은 평장을 하거든. 그래서 평장으로 했는데, 거기가 지금은 다 개간을 해서 공동무덤이 없어져버렸어. 그런데 요새 그 근방에 조그마하게 공동무덤이 다시 생겼다고 하더라.

■ 술은 언제 배우셨어요? 북선에 가셨을 때는 술을 전혀 못하셨더라면서요?

술은 북선에 가서 먹기 시작했어. 그전에는 안 먹었어. 그래도 그전부터 먹고 싶은 생각은 많이 있었다. 그래도 남들보다 주량이 많지는 않았어. 그래도 나도 기수하고 둘이 앉아서 한 자리에서 막걸리를 대승 한 되짜리 두 병은 먹어봤다.

■ 아버지가 논을 사신 것은 북선에서 돌아오셔서 처음인가요?

논은 맨 처음에 가맛재 논을 샀는데, 그것이 그러니까 해방되어서 토지 분배를 한다고 할 적에 샀어. 대한민국도 토지 분배를 했거든. 해방되고 나니까 사천 사람들이 와서 자꾸 땅을 사라고 그러더라.[66] 그래도 우리가 살 뭐가 있어야지. 못 사고 말아버렸지. 큰집에

---

66) 해방 후 '유상 몰수 유상 분배'(有償沒收 有償分配)의 원칙에 의하여 토지

다가 이야기를 해도 살 수 있으면 사지만 없으면 못 사는 것이지 별 수 있냐고 하더라. 그래서 못 샀지. 우리는 일이 있으면 큰집에다가 물어보고 말을 들었으니까. 그 사람들은 도사고 박사야.

그런데 용태가 그 논을 샀어. 용태도 그 논을 신씨들한테서 산 것은 아니야. 그 논을 처음 산 사람은 사천 사는 전계봉이라는 사람이다. 그 사람이 그 논을 사가지고는 또 우리한테 사라고 하더라고. 우리가 살 형편이 되냐? 못 샀지. 그러니까 구고개 전가들이 용태보고 사라고 그래서 그놈을 샀어. 그 전가들이 전계봉이하고 같은 전간데 노름방도 같이 댕기고 그랬어. 같이 노름방 다니면서 노름하는 사람들까지는 다 친하게 지내는 것이다. 그리고 전대로도 그적에 서슬이 당당했거든. 인공 때는 동생 덕분에 수매위원장까지 했다.

그적에 용태네는 무슨 돈이 있었는고 하니 용하가 일본에 가서 벌어 온 돈이 있었어. 그래서 시방은 우기 것 되었다마는 북샘 논도 사고 우리 논도 샀던 것이지. 그 사람들이 우리 논을 사려고 할 때 내가 사지 말라고 몇 번이나 말했어.

'너그가 다른 논이 없다면 모르제마는 그것이 아니지 않냐? 우리는 그 단답에다가 몇 식구들 목심이 매여 있는디, 이익은 있으나 없으나 그라도 농사를 지어야 핑계라도 댐서 빚이라도 얻어 먹을 것 아니냐.'

그랬더니 '아, 나도 밥 먹어야 살아' 하면서 욕심을 내더라. '정 그런다면은 벨 수 없어. 너그가 그놈 사서 우리한티 선자 받을라고? 그러면 우리는 선자는 안 띠어 먹고 히 주어. 그렇게라도 살라면 사. 그렇게 말게도 산다는 디는 사야제. 그러나 땅을 띨라고 헌다치면

개혁이 이루어졌다. 일제 시대에는 농업 인구 중에서 소작농이 압도적으로 많았다. 해방 직후부터 토지개혁의 필요성이 대두되었는데 지주들은 갖은 방법으로 시간을 끌면서 '유상몰수'가 이루어지기 전에 많은 땅을 몰수 가격보다 비싼 값에 처분하였다.

우리도 싸와야제.' 그래도 안 사버렸냐.

그리고는 우리한테 땅을 내놓으라고 하네.

'아 이 사람아 이것을 어찧게 히야 허겄는가?'

'어찧게 허기는? 내가 츰부텀 사지 말라고 안 허든가. 자네도 아다시피 그 논을 츰에는 우리보고 사라고 안 힜는가. 근디 우리가 돈이 없어서 못 샀던 것이여. 그렁게 헐 수가 없어. 사천서 붙여 먹을 때도 다 선자 히 주었제 공으로 벌어먹었는가? 그렁게 우리가 선자는 안 띠어 먹을팅게 꺽정허지 말소.'

그렇게 해서 그냥 우리가 지었지. 그렇게 3년이 지났어. 그동안 용태는 선자 달란 말을 한 번도 안 하더라. 그래도 우리는 꼬박꼬박 주었지. 그렇게 3년이 지나니까 하다하다 안 되게 생겼는가 방죽 밑에 있는 논하고 환토하자고 그러더라. 그 논은 내가 벌기 전에는 부안양반이 벌었거든. '안 돼' 딱 잡아 떼어버렸지. 그 논도 신씨네 땅이었어. 그러고 가만히 생각해 보았더니 까딱하면 논이 떨어지게 생겼어. 그럴 것 아니냐. 그 사람들도 돈 주고 산 땅인데. 그래서 내가 큰집에 가서 사정 이야기를 했어. 이 일을 어떻게 해야 할 것이냐고.

'못 띠여 가야. 느그가 실수만 안 허면 못 띠여 가. 왜정 때 '농지정리법'이라는 것이 만들아저 있었는디 해방은 되었어도 아직은 그 법을 써. 그렁게 함부로 못 띠는 것이다. 걱정허지 마라. 그 내신 누가 임자든지 선자는 잘 히 주어야 히여. 그래도 땅을 내놓라고 허먼 군에다가 조정을 히도라고 허면 되야' 강골형님이 그러더라.

'토지란 것이 세 가지 조건으로 나누는 것이다. 그것이 뭣인고 하니 '소유 권한', '경작 권한', '자본 권한'이다. 가령 자기 땅이라도 자기가 농사를 안 지으면 '소유권 권한'만 있는 것이다. 그리고 또 자본이 있어야 농사를 짓는 것이니까, 그러니까 자본도 한 몫 하는 것이다. 그런데 너희는 노동력이 있어서 구지주한테서부터 농사를 지었단 말이야. 그러니까 '경작 권한'이 있어. 그런데 '이 사람들이 땅을 사서는 우리보고 자꾸 내놓으라'고 하니 '이것을 조정해 주시오' 하는 원정이지. 그래서 조정이 잘 안 되어서 저희가 재판을 걸면 재판소에 따라가서 사정을 말하면 돼. 어떻든지 과실이 없으면 떼던 못해. 모를 일이다. 인민공화국 세상이나 오면 몰라도. 그런데 인민공화국이 되면 더 못 뗄 것이다. 누가 지주를 세어주기나 하냐. 그러니 군에 가서 농사계 일을 보는 사람에 국충원이라고 하는 사람이 있어. 그 사람을 내가 잘 알아. 내가 사유를 써줄테니까 거기에다 신입을 해라.'

'그러면 그것을 형님이 써주씨요' 했더니 강골형님이 써주었어. 그래서 군에다가 신립을 했지. 그것을 '조정신립'이라고 하더라.

그래서 조정을 하는데 용하가 불려 갔는가 용태가 갔는가는 확실하게 모르겠다마는 여러 번 불려 갔어. 나도 오라고 하면 가고. 형님은 한 번을 안 나갔다. 꼭 나보고 가라고 하지. 그런데 대처나 조정을 할 때 보니까 '이 사람들이 그 논을 사지 말라고 했다면서? 몇 목숨줄이 거기에 달려 있는데 그래. 선자를 받고 논을 줄 생각을 안 했다면 그 사람들 죽으라고 그 논을 샀냐. 너희는 그 논 넘보지 말고 선자나 착실히 받아 먹어' 하니까 그 사람들 다 '헤!' 하고 나자빠져버렸어. 그리고도 그 사람들이 돈이 있으니까 재판소에 간다고 하더라마는. 그랬다가는 자기네 돈만 들어가지 못 떼어 가. 실수만 없이 벌면 판결이 날 때까지는 못 떼어 가.

나중에 군에 갔더니 국충원이가 누가 그 조정신청서를 썼냐고 물어. 왜 그러느냐고 물었더니 잘 썼다고, 대학 나와서도 이렇게 잘 못 쓰는데, 참 잘 썼다고 그러더라. 나야 그것을 쓰겠냐? 읽지도 못하는데. 국충원이가 그러더라고. 그러면서 당신네 집에 잘 배운 사람이 있다고 그래. 그래서 '암 있다마다' 하고 대답했지.

나중에는 그 사람들이 사정을 했어. '자네가 들면 으쩧게 될 것인디……' 그리고 형님한테도 빌었어. 방죽 밑 논, 와룡리 앞 두 마지기, 구고개 앞 밭을 다 줄 테니까 바꾸자고. 그것들이 다 사천 논이었어. 그렇게 바꾸면 얼마 차이 안 난다고. 그리고도 하다하다 안 되니까 '자네가 선자를 한 해어치 띠어먹어버리소' 하고까지 나갔어. 하도 사정을 해서 내가 형님보고 그랬어.

'그렇게 헙시다. 그것이 벨 이익도 없는 것잉게 좀 거시기 히도 주어버립시다.'

'그려, 니 맘대로 히라. 그러면 방죽 밑에 치 그놈을 니가 벌어 먹어. 어차피 소작잉게.'

그래서 밭은 큰집에서 벌게 되었어. 시방은 덕산이 것 되었다마는 그것이 본래는 금구 영감네 밭이었어. 그것을 부안 양반이 상환냥[67] 넣고 샀어. 그리고 방죽 밑에 있는 여섯 마지기는 내가 벌었지. 그렇게 해서 용태네 집은 안 떨어졌냐? 재판은 못했어. 저희들도 어디서든지 말을 들었을 테지. 그적에 그것을 강골 형님이 다 가르쳐 주었어. 그 형님 아니면 우리로는 그것을 못했다. 뭣을 알아야 하지.

그 나중에 내가 용태보고 그랬지. '내가 뭐라고 허든가? 우리가 면 실수혔다고 논을 띨리고 그려? 내가 그 논 안 내놀랑게 자네들은 다른 논 사라고 그만치 말을 안 허든가. 내가 선자를 안 주어서 논을 띨라고 힜는가? 그렇게 쉽게는 안 되는 것이네. 우리는 그놈 없으면 죽게 생겼는디 내놓겄는가. 자네가 우리를 죽여나 버리면 모르까.'

67) 해방 후 토지개혁을 할 때 '유상분배' 원칙에 따라 분배된 땅(상환답)값.

▒ 그러니까 땅은 토지개혁 때 상환답으로 마련하신 것이로군요?

그렇지. 나는 방죽 밑의 논을 마련했어. 그런데 그적에 탑들 치를 동규한테 어떻게 안 샀냐? 어떻게 했던지 샀는디 형님이 농사를 지어야지. 짓지를 못한단 말이야. 그러니까 형님이 '와룡리 앞의 치는 네가 벌어 먹어라' 그러더라 그래서 그렇게 했어.

그렇게 되니까 큰집은 탑들에 아홉 마지기가 있게 되었지. 그것 가지면 쓰게 생겼어. 그런데 나는 방죽 밑의 서말 가웃지기 그것만으로는 안 되게 생겼단 말이야. 그래서 와룡리 앞의 것을 그것도 상환답인데 상환냥을 다 넣어서 내 것으로 만들었어. 그리고는 바로 그것을 팔려고 했어. 왜 그랬는가 하면 시방 큰집 텃논[68]을 용선이가 자꾸 사라고 그래. 그래서 흥정을 했어.

그런데 나락 일곱 섬 정도가 모자라. 그래서 그것을 팔려고 한 것이지. 그랬더니 어떻게 알았는지 홍금동이가 용하게도 알고는 사려고 달려들어. 종엽이하고 홍금동이가 뭐가 어떻게 된다. 되는데 종엽이가 와서 말을 붙여. '자네가 그놈을 파소. 열닷 섬을 줄 것이니 파소' 그래. 그런데 형님이 그것을 알더니 팔지 말라고 하더라. 그래서 내가 사정을 이야기하면서 못 팔겠다고 했지. 그리고는 형님보고 내가 사정 이야기를 하면서 나락 일곱 섬만 꾸어 달라고 했어. 그랬더니 형님이 한참 동안을 대답 않고 생각하다가는 '차라리 그놈을 나 도라. 일곱 섬을 주고 뒷 헐 것이 없이 나를 도라' 아 이렇게 욕심을 내네. 그렇게 하라고 해버렸지. 그렇게 해서 흥정 다 한 것을 형님한테 넘겨버렸어.

---

68) 마을 앞에 있는 논.

해방 직후, 인공

해방이 되고 나서의 이야기를 좀 해주세요.

해방되고 나서? 좌익 우익들이 싸우지 않았냐. 그런데 좌익 우익 그런 것은 우리는 있는지도 모르고 살았어. 그러다가 해방되고 나서 알았지. 그래도 자기네끼리는 해방 전부터도 많이들 싸우고 그랬던가 보더라. 그적에 사천 사람들, 인촌 사람들 그러니까 정남평이 아들들, 그 사람들이 모다 좌익이었어. 그 사람들 다 부자 아니냐.

부잣집 사람들이 다 공산당이 되었네요?

암. 부잣집 사람들도 그것을 범한 사람들이 조금씩 있었어. 정씨들은 인촌 외가쪽 사람들이지. 그적에 인촌 집안은 벌써 거기 안 살고 다 줄포로 나갔어. 집은 시방도 그대로 있다마는.

■ 그러면 해방되었을 때 상골에서는 누구누구가 좌익이었어요?

영철이, 지완이, 봉주, 종엽이, 종일이……(아버지는 한동안 망설이시다가 한 두 명의 이름을 댔다.) 신현구. 그 사람은 본래 해리 사람이다.

■ 그러면 그 사람은 상골 안 살았어요?

살기는 했어. 삼양사에서 저수지를 막자 살던 데가 수몰이 되게 되었어. 그래서 사람들이 팔량치로 가고, 왕거리로 가고 그랬어. 네 작은아버지 처가도 왕거리 아니냐. 신현구는 본래 거기 살았어. 그러다가 상골로 왔지. 상골로는 어떻게 오게 되었는고 하니 현구가 안산 양반 사위거든. 그러니까 말하자면 처가살이 하러 온 것이지. 그래 가지고 정식인지 아닌지는 모르겠다마는 면서기질을 조금 했어. 저희 장인한테 한 달인가 두 달인가 강습도 받었어.

그런데 그런 것들은 아무 것도 아닌 좌익이여, 진짜 좌익이 나타났을 적에는. 시방으로 말하자면 동네 이장 같은 직책이 있었는데 그것을 세책이라고 했다. 그런데 상골에는 세책감이 없어. 그래서 검곡에서 꾸어 왔어. 그래서 그 사람이 와서 상골 세책 노릇을 했어. 나도 그 사람 이름도 알았었는디…… 응, 이광오라고 재국이네 아버지다. 그런데 난리가 나자 허허 상골 것들은 부당원이라고 그러더라. 그러니까 그것들이 모두 제대로 당원도 못 되었어. 그것들이 어디서 그것을 배웠는고 하면 먹방골에 서 뭐라고 하는 놈이 있었어. 그놈이 공산당이었던 모양이더라. 그놈한테서 물이 들었어. 그러니까 그놈들이 실상은 날마다 먹방골 가서 그 지랄들을 했던가 보더라. 그것을 지하운동이라고 한다면서?

■ 그때 공산당에서는 아버지한테도 공산당에 가입하라고 권하지 않았어요?

안 그랬어. 우리가 원래 장성에서 안 왔냐. 아 여순사건이 일어나고 군인들한테 쫓긴 반란군들이 도망하면서 장성으로 와서 형님들을 죽였거든. 그래서 그적부터 우리는 우익으로 패명(佩名)을 찼어. 그래서 늘 주목을 받았어. 우리보고는 가입하라고도 안 하고 게다가 누가 공산당 한 사람도 없어. 그런데 우리 집에다가 삐라는 늘 가져다 놓더라. 그적에 우리는 뗏집 살 땐데. 나중에 알아보았더니 지완이가 그랬어. 지완이하고 나하고 친했거든. 그런데 원체 돌아가는 꼴이 못 쓰게 생겼거든. 그래서 나보고 공산당 들으라고 그랬어. 그러니까 깜냥에 생각해서 그런 것이지.

■ 아버지는 아무 것도 가진 것이 없으시면서 왜 공산당을 안 하셨어요?

내가 왜 공산당을 하겠냐?

■ 아니, 아무 것도 없는 사람에게 논도 나눠준다는데 그것이 싫어요?

세상에 공짜가 어디 있냐? 부모 자식간 말고는 공짜는 절대 없다. 그리고 그적에는 나는 이제 다른 사람들보다 오히려 나은 편이 되었어. 어떻게 되었든지 내 땅이 좀 안 있냐. 그러니까 나는 공산주의 세상이 되면 오히려 빼앗기게 생겼어.

■ 큰아버지가 좌익 때문에 호되게 매를 맞으신 적도 있다면서 그것은 인공[69] 전이었어요?

그렇지. 인공 전이지. 그래도 해방은 되었다.

69) '인민공화국'의 줄임말인데 6·25가 터지고 북한이 지배하던 기간을 이렇게 말한다.

■ 그러니까, 해방은 되고 인공 전이었다는 말씀이지요.

그렇지. 그적이 섣달 그믐날이다. 해방되고 몇 해나 되었던가는 잘 생각이 안 난다마는. 우리는 그적에 뗏집에서 살 땐데 그날 밤에 지완이가 우리 집에 왔어. '나 좀 들으갈라네' 하면서. 그런데 벌써 눈구멍이 빨개.

'들어오소. 근디 자네 밤 늦게 어찐 일인가?'

'나 시방 산에서 오네. 먹방골 산에서 오는디 내가 자네 때미…… 당에서 내가 자네허고 친헌 것을 알고 나보고 자꼬 자네 형제간을 먹방골로 데로꼬 오라고 헌단 말이여. 자네가 가야겄네.'

'미친 놈, 미친 소리를 허고 자빠졌네' 나는 건성으로 듣지. '아 이놈아 이 섣달 그믐날 으디로 나가야?'

'내말 섯불리 알아듣지 마소. 시방 나는 심각허게 말을 허고 있잉게. 우리들은 다 책임을 맡었네. 내일 데모를 허는디 만일 성공이 되먼은 자네 형제간은 죽어. 그렇지 않아도 자네들은 문서에 올라 있어. 차마 자네한티 말은 못힜어도 지녁마다 갖다 논 그 삐라도 다 내가 그렀어. 그것 보고 지하운동이라고 허는디, 영철이는 밤에 앵기동까지 가고 그렀어 다.'

'에이 미친 놈. 어쨓던지 고맙네. 내가 말을 들었잉게 인자 가. 나가고 안 나가고는 내 맘잉게. 자네가 가자고 헌다고 가도 안 허고.'

'그리도 누가 자네 왔디야고 물어보면 왔더라고 말을 히주어야 히여. 그리야 나도 책임을 벗어. 내가 거그서는 대답허고 자네한테 말을 안 히준 것 같이 되면 나도 큰 일이 나' 그리고는 갔어.

■ 아니, 가입하라고 안 했다면서요?

그렇지. 그런 소리 통 안 했어. 그런데 그날 그런 말을 하더라고. 그리고 그날 저녁 지완이 동생 영완이라고 안 있냐. 그것이 무실양반 앞으로 양자를 했어. 그것이 반암에서 빨간 물이 들었던가 보더라. 그래서 반암에서 왔다 갔다 했는데, 우리는 그런 줄도 모르고 살았어. 그래서 가끔 상골에 왔다 가는 것을 봐도 '저놈이 큰집에 왔다 가는가 보다' 하고만 생각했지. 그런데 실상은 그놈이 공산당이었던 모양이야. 전에도 먹방골 다니면서 그 서 뭣이라고 하는 놈 집에 다니면서 심부름도 많이 했다고 그래. 몽치 집도 먹방골에 있었다. 이놈들이 그렇게 다니면서 밤에만 회의를 하고 그랬으니 누가 알았겠니? 나중에 난리가 나고 나서야 아 그 사람들이 공산당이구나 하고 알았지. 그런데 그날 저녁 그러니까 섯달 그믐날 저녁에 공산당이 탑정 지서를 습격했어. 그래 가지고 지서를 점령했어. 그랬는데 영완이가 거기서 죽었어. 습격은 성공했지마는 영완이가 총에 맞아서 죽어버렸단 말이야. 그렇게 되고 나니까 이것들이 눈에 불을 켰지. 그래서 이제 적극적으로 나서게 되었어.

동촌 양반이 말하는 난리는 무엇이었어요?

부안면 지서 습격을 하려고 했었지. 그때 슬로건은 '섯달 그믐이 되어도 우리는 먹을 것이 없다. 먹을 것을 달라. 우리도 설을 쇠자' 그것이었어. 그런데 지완이를 보내고 저녁 내내 생각해 보니까 정말이지 큰 일이 났어. 큰집이건 작은집이건 불을 질러 버리고 다 죽인다고 그러는데. 뗏집 그까짓 것이야 불을 질러도 별 것 없지마는, 죽는다는 말까지 선부르게 들을 수는 없단 말이야. 그래서 저녁 내 잠을 못 자고 있다가 새벽에 아직 날도 밝기 전에 큰집에 갔지. 가서 형님보고 그 소리를 했더니 형님이 그냥 얼굴이 시퍼래져가지고 벌벌 떨더라.

'그러먼 이 일을 어찌게 헌다냐?'

'형님 맘은 어찌게 들어가요?'

'아이고, 죽던지 살던지 나는 안 나갈란다.'

'그렇게 맘 자셨오? 그러면 나도 안 나갈라오. 이리 죽으나 저리 죽으나 죽는다는디 가만 앙거서 죽제 뭘라고 거그까지 가서 죽어요?'

그리고는 그냥 집에 있었어. 조금 있으니까 굴재에서 만세 소리가 수만 명이 부르는 것같이 들려 오더라. 그래서 뒷잔등으로 넘어가 보았지. 아직 해가 뜨지는 않았어도 벌써 날은 밝아서 굴재에서 내려오는 사람들이 보여. 굴재가 길이 양쪽으로 안 나 있냐? 상골로 내려가는 길하고 우수골이나 하오산으로 가는 길로. 그중에 우수골로 가는 길이 넓거든. 그 길에 몇 줄로나 섰는지 사람들이 빽빽하게 내려 가네. 그리고 푸랑카드도 들었더만. 그리고는 몇 발 가다 만세를 부르고 또 몇 발 가다 만세를 부르고 그러더라.

그 푸랑카드에는 뭐라고 쓰였는지 못 보시고요?

암언. 그전 우리 집 뒷잔등, 그것을 말무덤재라고 하거든. 그 잔등에서 안산양반네 산 쪽으로 고총같이 볼록한 것이 안 있더냐? 그것이 말무덤이라고 하더라. 그전 세상에 언젠지는 모르겠다마는 누구네 말인지가 죽어서 거기에다 그렇게 크게 묻어주었단다. 거기에서 봤으니까 뭐라고 썼는지 보이지는 않지. 거기에는 나 말고도 사람들이 여럿 나와서 보고 있었어. 형님은 어디로 갔는지 안 보이고. '저 지랄을 하고 있으니 큰 일이 나기는 났구나' 하고 생각을 하고 있었지. 그런데 굴재를 내려와서는 조용하게 우수골 쪽으로 가더라.

그런가 하면 지서에서는 지서 대로 하오산에서 장터로 오는 길목에다가 새끼로 바리케이트를 쳐놨던가 보더라. '데모를 해도 좋게 할 것이지 여기는 넘어서지 마라, 넘어오면 발포를 한다' 하고. 그 사람들도 그날 저녁 탑정 지서 습격했다는 소식은 경비전화로 다 들었을 것 아니냐. 그래서 고창으로 경비전화를 했을 테지. 이런 난리가 나서 내려오고 있으니 준비하고 오라고. 그리고는 자기들은 자기들 대로 새끼로 바리케이트를 쳐 놓았단 말이야. 거기까지는 저지하는 사람도 없었어. 그러니까 그 사람들도 거기까지는 조용히 가더라고.

그래서 나는 '에요 이 비러먹을 것, 나는 인자 죽는다' 하고는 집으로 와버렸지. 와서는 신발은 정짓문 안으로 들여놓고 방으로 들어와서 이불을 뒤집어쓰고는 '죽일라면 죽여라' 하고 드러누워 버렸지. 드러누워 있어도 잠도 안 와, 떠느라고. 그리고는 귀를 쫑긋 세우고는 바깥에서 무슨 소리가 나는가 하고 듣고 있지.

조금 있으니까 총소리가 나기 시작하더라. 그 새끼줄을 넘으니까 발포를 한 것일 테지. 총소리가 들리니까 누워 있을 수가 있는가. 또 나갔지. 나가서 보니까 그적에 스리쿼터라는 것이 있었다. 지붕도 없는 차야. 아따! 이놈의 것이 석교천 쪽에서 네 댄가가 달려오는데, 얼마나 빨리 오는지 꼭 벌 날아오는 듯 하네. 고창에서 오는 것이지.

그런데 그 차들이 석교천을 넘더니 그적에는 네 대에서 총을 콩 볶듯이 쏘아대네.

그러니까 이놈들이 어디로 도망을 하는고 하니, 반계촌 쪽으로 해서, 거기에서 제일 가까운 산이 와룡리 뒷산 아니냐, 그리로 해서 들판으로, 탑들로 오산으로 흩어지는데 꼭 거미 알 풀리듯이 사방으로 흩어져. 어떤 놈은 산으로, 어떤 놈은 굴재로, 어떤 놈은 오산으로 산지사방으로 도망을 쳐. 흥덕 쪽으로는 못 도망하니까 다 이쪽으로 도망하는 것이지.

나는 그것을 보고는 '일은 나기는 났고나' 하고는 집으로 와서 다시 드러누웠어. 그렇게 누워 있어도 바깥에서 나는 소리는 다 들려. 그런데 그 소리가 우리 집 옆으로 수백 명이 한꺼번에 몰려오는 것 같네. 그 많은 숫자들이 다 이리만 올라오는 것 같아. 그러니까 그 뒤를 따라 다니면서 총을 쏘아댔던 것인데 나중에 이야기 들으니까 헛총(공포)을 쏘았다고 그러더라. 그도 그럴 것이 만약에 그렇게 안 했으면 여러 놈 죽었을 것이다. 그렇지 않았을 것이냐, 그렇게 빽빽하게 도망을 하는데.

그적에 고창 양반네 집에 오영감이라고 고창 양반 장인이 됫박만하게 방을 만들어가지고 살았다. 형님이나 나나 가끔 거기 가서 골패로 패도 떼고 그랬어. 그적에 거기에 또 누가 다녔는가 하면 연태 아버지도 있었어. 그때 형님은 아침에 나한테서 그 말을 듣고는 거기에 갔던가 보더라.

'난리가 난다는디 어쩔라고 이롷고 앙거 있소?'

'난리가 무신 놈으 난리? 벨놈의 소리를 다 허네.'

그 영감은 시방 일어나지도 안 했는데 꿈 깨는 소리를 하고 있으니까 그렇게 신통치 않게 듣고 말아버렸단 말이야. 그리고는 형님하고 그 영감하고 문을 활짝 열어 놓고 앉아 있어 시방. 그러는 차에 연태 아버지가 갓 쓰고 떡 들어와. 그러면서 '진장 칠 것, 안 될 일인디, 이 사람들이 시방 으찔라고 이러는가 몰라' 하면서 들오거든.

'아이 뭣이 어찌서 그러요?' 형님이 물었어.

그랬더니 이 양반이 '난리가 났다고 그려. 큰 난리. 아 이 사람들 시방 뭇 허고 앙겄는가 몰라. 다들 먹방골로 넘어가야 헌다는디' 하고 나온단 말이야. 이 양반은 연태한테서 다 들은 것이지. 연섭이라고 연태 종동생, 그 사람이 탑정 살았거든. 연태도 탑정서 오고. 그러니까 이 영감도 이 일을 그전부터 알고 있었어. 그러면서도 아무 말도 안 했어. 상골 와서 그런 소리 해봤자 누가 참여할 사람도 없을 것 같으니까 말을 안 하고 묻고 살았던가봐.

'그러먼 당신은 어쩔라오?'

'아이, 올라가 봐야제. 죽던지 살던지 올라가 봐야제.'

'그러먼 올라가 보씨요.'

그리고는 형님은 거기 못 앉아 있고 재식씨한테 갔어. 마침 재식씨가 집에 있었거든.

'아 이 노릇을 어찧게 히야 허요?'

'글씨, 경환씨한티 가서 물어보세.'

그래서 재식씨하고 둘이서 경환씨한테 갔어. 가보니까 무장양반도 거기 와 앉아 있네. 그런데 그적에 총소리가 몇 방 났어.

'이 일을 어찌게 허먼 쓰겄소?'

그래도 아무도 대답을 못하고 넷이서 앉아 있지. 그러다가 안산양반이 형님한테 그랬어.

'암만 생각을 히봐도 자네는 나가야 허겄네. 왜 그런고 허니 저것이 옳게 성공허먼 오늘 저녁으 와서 다 죽이게 되야 있어. 집도 불질러 버리고. 그렇게 나가야 헐 것 같네.'

'어찌서 그리요?'

그적에 작은아버지가 부안면 순경 일 며칠 했다. 그러니까 말하자면 어떻든지 경찰 가족이지. 거기다가 또 그적에 검산 대동으로 안토막은 모두 공산당 천지였어. 그적에 강순경이라는 자가 있었어. 그 사람이 어디 사람인지는 모르겠다마는. 이 강순경이 검산에 가서 공산당 하나를 잡으려고 쫓아서 이놈이 곧 잡히게 생겼는데, 네 작은아버지가 자꾸 못 잡게 해서 못 잡은 일도 있다는 거야. 그래서 그것이 알려지기만 하면 경찰에서 가만 안 두게 되어 있다는 거야. 그런데 우리는 그런 것은 아무 것도 몰라. 안산양반 말이지. 그적에 작은아버지는 면에 가서 저녁에도 집에 오지도 않았어. 그러니 물어볼 수가 없어. 그것만이 아니라 그적에는 나나 형님이나 집에서는 잠을 못 잤어.

'그러니 자네 큰집 일도 있고…… 긍게 나가야 허네.'

'나는 그리도 안 나가요.'

그래서 넷이 생각을 하다가 장에 가보기로 했어.

아니 난리판에 장엘 가요?

섣달 그믐이니까 설장 보러 간다고 말하기가 좋잖냐? 섣달 그믐날은 닷새가 아니라도 장이 서거든. 그러니까 그렇게라도 안 하고 집에 가만히 있을 수도 없고, 불안해서. 산으로 간다고도 못하고 동네에 그대로 있지도 못하게 생겼단 말이야. 그래서 장에로 가보자고 그랬더란다.

'갑시다. 나야 집에 있도 못허고, 산으로 가도 못허고 진퇴양난 아니요? 갑시다.'

그래서 장에 간다고 가다가 장터 모퉁이에서 경찰들한테 딱 걸렸어. 와룡리 뒷산 당산 모퉁이에서. 전에는 상골에서 장에 가려면 방죽목 쪽으로 안 돌아가고 그리 안 다녔냐. 거기를 당산 모퉁이라고 그래. 그적에 경환씨가 맨앞에 갔던 모양이여. 그랬더니 그냥 단번에 '이놈의 새끼, 이놈이 동네서 선동자고만. 너그가 우리를 죽여? 그리놓고 이놈들 시방 뭣 허로 어디 가냐, 이놈의 새끼들.' 하면서 몽둥이로 몇 대 쳤어. 안산 양반이 그 자리서 거꾸러져버렸네.

무장양반은 원체 늙은 영감이라 안 맞았지만 고재식이도 맞고. 다들 동네 북같이 맞았어. 그적에 형님이 제일 뒤에 갔던가봐. 그래도 장작깨비로 몇 대를 사정없이 때렸어. 형님도 거기서 떨어져버렸지. 그적에는 누구든지 경찰 눈에 띄기만 하면 막 두들겨 팼어. 논에서 일하는 사람이건 뭐이건, 늙은이건 젊은 놈이건 무조건 막 두들겨 패. 많이들 맞았다. 고창에서 순경을 몇 차나 불러다 놓았는지 바글바글했으니까. 산으로 쫓아 올라간 놈들도 있고.

호암 양반도 그적에 많이 맞았다. 그 양반은 왜 맞았는고 하니 그적에 순경들이 집을 다 뒤졌거든. 나무청으로 짚벼눌도 뒤지고. 그러다가 그놈들한테 걸렸어. 그러니까 그 양반은 집에서 나가지도 않았다고, 그저 집에서만 왔다 갔다 했다고 한 모양이더라. 안 나가고 집에서 떡 쳤다고 핑계를 댔는데, 돌려 세워놓고 보니까 나갔다 왔거든. 어떻게 아는가 하니 그때 날이 궂어서 땅이 질척질척해서 사방에 흙이 튀어서 다 표가 났던가봐. 그러니까 늙은 놈이 보통 놈이 아니라고 하면서 선동자를 가르쳐 내라고. 그런데 지완이도 말하자면 선동자거든. 영철이는 어디로 가버려서 보이지도 않고. 제 자식을 어떻게 가르쳐 주겠냐. 그러니까 호암 양반은 아들 때문에 맞은 폭이지.

그리고는 네 사람이 다 잡혀 갔지. 그런데 그중에서 인식이가 형님을 다른 데로 빼갔어. 우리가 적극적 우익인 줄은 다 알거든. 큰집이 그렇게 된 것을 그 사람들이라고 모를 것이냐? 다 안단 말이야. 그래서 선동자를 가리켜 내라네. 맥없이 공매 맞지 말고. 그랬더니 형님이 '암도 모리게 헌 것을 내가 어찌게 알아서 가르차 주겄소? 생 사람을 갈채 주꺼라오? 생각히 보씨요. 요새 말로 허먼 즈그가 지하운동인가 뭣인가 힜다는 놈으 것을 으찌게 내가 알아요' 하면서 대답을 안 했네. 그러니까 '요놈이 큰 선동자로고만. 어찌서 다른 사람 안 듣게 조용히 불러서 갈채 도라고 허는디 안가르차 주냐?'고 하면서 때렸어.

얼마나 때렸던지 일어서지도 못하게 맞았어. 그날 저녁 그러니까 섯달 그믐날 밤에 무장양반은 놓여 나오고, 그 이튿날 경환씨 나오고, 재식씨도 나왔는데 형님만 못 나왔네. 같은 차에 실려 갔는데 다들 그 다음 날은 나왔단 말이야. 내가 경환씨한테 물어보았어. 같이 잡혀간 사람들이 다 하루 저녁 자고 나왔는데 어떻게 해서 우리 형님만 못 나왔냐고.

'자네 형님이 어찌서 못 나왔는고 허니, 지금 몸이 말이 아니네. 시방 놓아 준다고 히도 즈그가 실어다 준다고나 허먼 몰라도 몸을 가누덜 못히여. 그리서 못 나왔다네. 그러고 또 더 물어봐야 헌다고 험서 안 놓아 주었어.'

'그래요? 그러먼 내가 이참으 가만 안 둘라오. 내가 이참으 어떤 놈들이 공산당인지 다 알았잉게, 내가 가서 다 말을 히버러야겄소. 아, 아무 죄 없는 사람이 경찰서에서 죽어? 요놈으 자식들이 뭣 헐라고 그러는가 힜데이는 우리 죽일라고 그랬고만. 그러먼 나라고 가마이 앙거서 죽을 수 없제' 하고 성질을 냈어. 나도 성질이 좀 급하잖냐? 내가 그렇게 나서니까 아따 경환씨 얼굴이 시꺼멓게 되어버리더라. 그러더니 그냥 내 팔을 꽉 잡더라.

'아 이 사람아 인자는 쏟아논 물이네. 가지 마소. 자네가 이애기 히야 일만 더 시끄라. 자네 형님이 맞기는 많이 맞었는디, 그런다고 낫겄는가? 약 먹어야 낫제. 그렇게 잘 생각히보소.'

그래서 가만히 생각해 보았더니 정말로 그것은 그런 것 같아. 그래서 그럭저럭 못 가고 말아버렸지. 그러다가 사흘 만엔가 나흘 만엔가 왔어. 경찰들이 실어다 주었다. 그적에 탑정 지서가 습격당해 놓으니까 고창 군내에서 깝죽깝죽하는 놈들은 다 잡혀갔어. 그래서 차근차근 비밀 조사를 했던 것이지. 나중에 내가 형님한테 물어보았더니 '나보고 선동자를 갈챠내라는디 영철이나 지완이 뱀에 더 있냐? 그것을 내가 거그서 죽은들 어찌게 갈챠주겄냐? 훗일이 있는디' 그러더라.

'에이 여보씨요, 훗일이란 것이 뭐여. 그것을 없애버러야제, 그것을 놔 두어? 그것을 놔 두면 또 그럴 것 아니요.'

'아이, 그리도 못 써야. 인자 이렇게라도 목심은 살았잉게.'

그런데 형님 몸뚱이가 푸르댕댕한 것이 꼭 가지 같더라. 얼굴만 조금 성하지 어디 성한 데가 없어. 때리기만 한 것이 아니라 추운 시한(겨울)에 정강이에다가 장작개비를 대고 양쪽에서 짓이기기도 하고 그랬다고 그러더라. 불으라고. 그러니까 다리가 띵띵 부었지. 그렇게 되니까 이 사람 저 사람이 '두부가 좋네', '뭐가 좋네' 하면서 난리를 쳤지. 그날 저녁에 팥죽을 쑤어서 동이에다 퍼담고 거기에다 다리를 담구고 있는 것이 좋다고 해서 그것도 했는데 동이에서 다리를 빼지도 못하게 부었어. 옷을 벗길 수도 없어서 가위로 잘라 내고. 여러 달 고생했다. 우리는 그것이 난리였어. 겨우 목숨은 살아남았지마는. 그런 것 저런 것 보면서 나는 형님보고 그랬어. '못난 양반'이라고.

인공 때는 어떻게 지내셨어요?

칠석 무렵에 인공이 돌아왔어. 우리는 인공이 돌아오는 것도 모르고 방죽 밑 너 마지기짜리 논에 모를 심고 있었다. 한참 일을 하고 있는데 종철이가 오더니 우리 논두렁도 아니고 종엽이네 논두렁에 풀을 깔고 펄썩 앉아.

'아이고, 이 사람들아 모는 뭣 헐라고 심어? 시방 난리 났는디.'

'이 사람이 시방 문 소리를 허고 있는가?'

'난리가 났당게. 난리가 나서 야단이 났당게. 내가 시방 나지요 소리 듣고 왔다고.'

'긍게 어찌란 말이여? 모 심구지 말고 말아버러?'

'하아, 심소. 자네들은 심어. 나는 시방 일이고 뭣이고 아무 정신이 없어서 이롷고 돌아댕기고 있네.'

그래서 나도 난리가 난 줄 알았어. 그러고 나서도 우리는 그냥 모를 심었어. 그런데 차근차근 인공군이 들어오고 야단을 내던가봐. 인민공화국이 되네, 민주공화국이 되네 하면서. 그런데 인공이 되고 나니까 상골에서는 좌익 한다는 놈들이 그렇게 많았어도 아무 것도 못하네. 그래도 구고개 전대오는 수매 위원장을 했다. 그것도 면 위원장이었어. 말하자면 거물이지.

대오 형제가 대오, 병군이, 병성이 또 병성이 밑에 막둥이가 하나 있어. 그놈들이 다 반듯반듯하게 인물이 좋았다. 그런데 대오 막둥이 동생이 고창 중학교를 댕겼어. 그놈이 학교 다니면서 물이 들어서 구고개, 상골로 물을 들이고 다녔던가 보더라. 그적에는 공산당이 많았어. 종철이 막둥이 동생도 또 고창중학교 다닌 놈이 있는데 그놈도 물이 들었어. 그놈은 그래도 별로 고생 안 했다마는. 어떻든 대오가 인민공화국 세상에 수매위원장이 된 것은 동생 덕분이라고 보아야지. 그리고 막둥이는 부안면 위원장인가 했다. 토지위원장은 완종이라고 하는 놈이 하고. 그런데 제까짓 것들이 무엇을 알아야지. 토지 분배를 하는 것만 보아도 그래. 자기들이 아무리 해도 안 되네. 그래서 형님이 다 했어. 형님이 이장질을 했으니까. 그적에 반공호 만들라고 해서 지금 상현이 집자리 모퉁이에다 방공호를 튼튼하게 잘 만들었어. 땅을 깊이 파내고 거기에 가죽나무가 많이 안 있었냐. 그 가죽나무를 베어다가 배디 배게 세워놓고 흙 덮어서. 그 속에서 토지 분배 다 했다.

당숙들은 인공 때 학살당하셨어요?

아니. 여순 반란군들이 그랬어. 패잔병들이 산중으로 도망하면서 장성으로 왔거든. 막 죽었을 때는 못 가고 나는 초상 때 갔어. 하루 저녁에 둘이나 갖다가 죽여버렸거든. 내가 가보니까 모암 사람들이 상여를 둘이나 매서 장사를 지내더라.

어떻게 당했어요?

둘 다 비들치재에서 학살을 당했는데, 눈알도 빼고 손가락도 다 자르고 그랬다고 하더라. 그 이야기는 형님한테서 들었어. 형님은 어떻게 해서인지는 모르지만 처음에 갔다 왔거든.

아버지께서 모암을 가시다가 광암에서 광암 할머니 조칸가 하는 분을 만나고, 그 양반이 그냥 돌아가라고 했다는 말씀도 들었는데…….

응, 그것은 인공 때 이야기다, 인민공화국. 나는 공산당이 안 좋아. 그놈들은 당최 믿을 수가 없어. 인공 전에는 건국준비위원횐가 뭐인가 조직이 있었거든. 그래서 네 작은아버지도 거기에 다녔다는 말이 있어. 그리고 순경질도 단 며칠이지만 그것이 인연이 되어서 했다고 그래, 경환씨가. 나중에 작은아버지가 왔기에 그런 일이 있냐고 물어보았더니, 어디 그런 일이 있어? 없는 일이야. 점잖다고 하는 양반도 그런 거짓말을 하네. 공산당놈들이 꼭 사람들을 그렇게 해서 끌어들이거든. 공산당 놈들 하는 행위가 그 따위니 왜 공산당 좋아하겠냐. 초동외숙도 어떻게 빨간 물이 들었던 모양이더라. 우리들한테도 공산당 하라고 여러 차례 말했거든, 일제 때. 그래도 우리가 말을 안 들으니까 '니까짓 놈들이 앙 것도 없음서 왜 안 허냐?'고 그러더라.

'아니 콩 심은 디 콩 나고 팥 심은 디 팥 나제, 팥 심은 디 콩 나요? 아, 내 손으로 죽게 일 히서 먹고 살제, 남으 것 손 벌릴라고 공산당 히요?' 그랬더니 웃으면서 '그렇겄다'고 한 일도 있었어. 그러니까 공산당에 가입을 하려고 했으면 안 들었겠냐? 싫어서 안 들은 것이지 그적에는. 그런데 인공이 되고 나서는 세상이 바뀌어버렸네. 그래서 그적에는 공산당 들으려고 영철이한테 두 차례나 부탁을 했어. 그랬더니 영철이가 그러더라.

'자네는 더 반성을 히야 헌다고 허데. 현구가 그랬어.'

'반성? 반성을 어쩧게 히여? 내가 먼 죄가 있는 사람인가 어찐 사람인가? 큰집이 우익이라고 허제마는 큰집은 큰집이고 우리는 우리여' 하고 따졌지. 그래도 그만이야. 끝내 가입 못했어.

인민공화국이 완전히 되고 나서는 토지 분배까지 다 했어, 형님하고 구고개 정푼이라고 둘이. 만동이라고 그놈이 토지 분배위원장이었지마는 뭣을 알아야지. 아무 것도 몰라. 와서 우두커니 앉아 있기만 했어. 나도 그적에 뭐 별 것이 없었어도 상환냥 넣고 받은 땅도 빼앗기고 나보다도 적은 사람도 뺏기고. 그적에는 아직 뒷밭도 못 샀을 때니까 별 것 없었는데 그래도 빼앗아 가더라. 방죽 밑에 있는 논을 빼앗겼어. 그러든지 저러든지 멋대로 해라 하고 있었지. 별 수가 있냐.

명삼씨가 그 마당에 공산당들한테서 기수네 논 서 마지기를 탔다. 그런데 그 전에 그 논을 징게 양반이 고지를 먹었던가보더라. 그러니까 그 논에서 일을 했지. 그래도 그런 것은 다 쓸 데 없고 '당신이 비어다 먹어' 그랬어, 공산당이. 그래서 그럭저럭 가을이 되었다. 그래도 차마 낫 들고 베러 가지를 못하겠던가보더라. 영철이가 '왜 갖다 먹으라고 히도 못 갖다 먹어? 바보같이' 하고 야단을 하더란다. 그러니까 아무 대꾸도 못하고 슬그머니 가버리더라고. 나중에는 낫 들고 논까지 가기는 갔다고 하더라만 그래도 차마 못 베어 먹었어. 그럴 것 아니냐, 저도 양심이 있는데.

그랬어도 끝까지 공산당 가입은 못했어. 그래도 나중에는 내가 인민반장을 안 했냐. 그놈들은 인민반장을 시켜가지고 저희들한테 충성을 하는가 안 하는가 본다고 하더라. 그런데 내가 충성 안 하겠냐? 우선 살아야겠는데?

그적에 영철이 나한테 혼났다. 수매사업을 하는데 영철이한테 많이 덮어씌워버렸어. '너는 공산당이여. 나는 아니지마는. 그렇게 니가 먼저 많이 내야 다른 사람이 배울 것 아니냐. 앙 것도 없는디' 하면서. 그러니 영철이가 어떻게 할 것이냐. 저는 명색이 세책인데. 영철이가 나중에 세책이 되었거든. 검곡에서 온 세책은 난리통에 어디 가서 죽었는가 해서 영철이가 되었어. 그래서 나도 빈속골까지 가서 영철이네 나무도 이틀이나 해다 주었다.

그런데 칠석이다. 큰집을 갔어. 우리는 이미 우익으로 널리 패명을 찼으니까 겁나게 조심스럽지. 칠석날은 농촌에서는 안 쉬냐? 쉬면서 술 마시고 그러잖아. 그러니까 칠석날 출발을 한 것 같다. 그런데 하필이면 그적에 호열잔가 배 아픈 병인가가 생겨가지고 바다에서 나는 게 같은 것은 못 먹게 하였다. 거기다가 주먹덩이만이나 한 것들이 입초를 서서 사람들을 못 돌아다니게 검문을 해.

■ 그 난리판에 무슨 일로 가셨어요?

아 난리가 났는데 큰집 식구들이 어떻게 되었는지 궁금 안 하냐? 그래서 갔지. 갈 적에는 지서에서 증명서까지 받았어. 그적에는 지서라고 안 하고 분주소라고 그랬다. 갈 적에는 일할 때 입는 옷 입고 삽 들어메고 갔어. 농군으로 위장한 것이지. 갈 때는 큰 재로 못 가고 방장산 밑으로 홱 돌면 덕구개재라고 있어. 장성에서 이 재를 넘으면 고창읍내 사무실 앞에 떨어져. 그 길로 갔어. 논둑길로 산길로 삽 메고 작업복 입고 가니까 사람들이 보면 들 나갔다 오는 농사꾼인지 알 것 아니냐. 그런데 동네를 지나가려면 이 주먹만이나 한 애새끼들이 못 가게 한단 말이야. '야 이놈덜아 내가 징명 갖고 간다'고 하면서 증명을 보여주었더니 '아이고 부안면서 오면 더 안 되야요' 이 지랄들을 하네. 호열자가 있어서 갯가 사람들은 더 못 돌아다니게 했거든.

그래도 어떻게 어떻게 억지로 산길을 잡아서 꾸물꾸물 하면서 광암까지 갔어. 그적에 장성은 고창보다 더 하더라. '토지는 밭갈이 하는 농민한테'라고 프랑카드를 써붙였더만. 토지는 일하는 농민한테 주어야 한다는 소리지. 상골은 다 분배했어도 그런 것은 안 써 붙였는데.

그런데 광암에서 또 한 번 안 잡혔냐. 아이들한테. 아, 이놈의 자식들이 가게 해야지. 증명서를 보여주어도 소용이 없어. 그래서 아이들하고 실랑이가 붙었어. 한참 실랑이를 하고 있는데, 거기도 칠석날 아니냐. 그래서 광암 시정에서 사람들 수십 명이 술을 먹고 있었던 모양이더라. 그러다가 그것을 본 것이지. 형채라고 그 사람이 나왔더라고. 그 사람이 할머니 조카야, 하동 정씨. 이채 형채 그래. 이채는 우리 집에도 몇 번 왔었다. '어떤 사람이 타동네 와서 아그들허고 타시락거리고 있는고?' 하고 나와봤더란다.

'근디 자네고만. 어찐 일인가?'

'아 인자 존 시상 안 돌아왔는가? 그리서 큰집 좀 가니라고 이렇게 허고 오네. 근디 야덜이 못 가게 안 허는가.'

'징명은 있는가?'

'징명? 여그 있네, 이것 보소. 아 이놈덜이 그리도 못 가게 히여. 그리서 싱갱이를 허고 있네.'

'저 시정에 가서 술이나 한 잔 허고 가소' 하면서 시정으로 막 끌고 가더라. 그러면서 그러더라.

'안 간 놈이 낫겄는디. 시방 말이 아니네. 자네 큰집이.'

그런 말은 시정에서는 못해, 가는 길에 눈치 보면서 하지.

'으찌게 되얐당가?'

'말이 아닝게 안 간 놈이 좋아. 돌아서서 자네 집으로 가는 것이 낫겄는디.'

'아 그러제만 여그까지 다 와갖고 쪼깨만 가면 큰집인디 안 가볼 수 있겄는가? 생각히보소.'

'허기는 그리여'

그렇게 해서 갔어. 큰집에 들어갔더니 집안이 조용해. 그리고 마당에다 총을 몇 자루 거꾸로 작두가리 같이 세워놓았더만. 그리고는 사랑 마루에서 빤쓰로 겨우 사타구니만 가린 놈 몇이 있더라. 내가 안으로 들어가려고 하니까 어떤 놈이 보고는 말을 해.

'누가 그리 들어가? 못 들으가.'

'그러면 어찧게 헐 것이요?. 나는 시방 고창서 넘어오는 사람인디.'

그러니까 '이리 오라'고 하더라. 갔더니 증명 내놓으라고 하더라. 주었지. 그러니까 증명은 딱 때려 넣어버리고 조사를 하네.

'어쩐 일이요?'

'아 존 시상 되얐응게 큰집이 안 왔소. 존 시상 되얐는디, 소식도

꽉 맥히고 헝게 궁금히서 왔소.'

그랬더니 못 들어간다네.

'그러먼 이 일을 어찌야 헐 것이요?'

'조사를 히야제.' 하더니 묻더라. 철수가 거기 안 왔냐고. 그래서 안 왔다고 했지. 그랬더니 공책을 내놓고는 뭐라고 쓰더라. 무엇을 어떻게 썼는지는 몰라도. 그러면서 '갔을 턴디! 고리 갔을 턴디!' 하고 말하더라. 그러니까 그놈들이 상골에도 와볼 계획이었어.

'아 철수가 내 동생인디 가가 우리 집이 왔으먼 내가 멋 헐라고 여그를 넘어왔겄소?'

하고 말해도 소용이 없어. 시방 나는 점심도 굶고 광암서 용케 형채 만나서 술 한잔 먹은 것 말고는 하루 종일 아무 것도 못 먹었어. 배가 고파서 꼭 죽겠어. 이미 해는 넘어갔고. 그리서 어떻게 된 일인지 물어보았더니 철수가 어떻게 했는지 묶여 있던 것을 풀고 도망을 쳤다네. 시방 나는 그것도 모르고 간 것이지.

'그나 이나[70] 내가 몇 달 만에 츰 왔응게 식구들을 좀 봅시다. 내가 증명이 이렇게 단단헌디 나를 의심허요?'

그랬더니 정 보고 잪으냐고 물어. 보고 잪다 마다 말할 것이 없다고 했더니 한 놈이 따라 오라고 하면서 안으로 가더라. 따라가 보니까 아무도 없어. 나중에 보니까 큰방 골방에다 가두어 놓았어. 그래서 문을 좀 더 열어보라고 했어. 조금 더 열더라. 종수가 있더라. 나를 보고도 아무 소리도 안 해. 나도 숭치가 꽉 막혀갖고 아무 말도 안 나와.

'아니, 어찌 이…….'

그리고는 아무 소리도 못허고…… 우두커니 서서 잠시 보고 있었더니 같이 간 놈이 옷을 잡아당기면서 나가라고 그러네. 그놈한테

---

70) '그러나 이러나'의 준말.

끌려나왔지. 도로 문을 딱 때려 닫아버리네. 그러더니 사랑 앞으로 데리고 가서는 도산을 물어보고 어디를 물어보더라. 그래서 '우리는 고단헌 사람잉게, 앙 것도 몰르요. 여그서 다 알았을 턴디 멋을 또 나한티 물어보요?' 그랬지.

조금 있으니까 여러 놈들이 우루루 들어오더니 대청에 들어가서 여기저기를 막 뒤지더라. 나는 그때서야 여기저기를 찬찬히 보았지. 마당 한쪽에다가 감자를 캐서 굉장하게 쌓아 놓았더라고. 그놈들은 대청에서 나와서는 마당가에 있는 샘으로 가서 찬물을 쭉쭉 끼얹으면서 '아이고 시원허다, 아이고 시원허다' 하고 지랄들을 하네. 그러더니 감자를 쪄서 퍼먹어. 그리고 나더니 또 대청으로 들어가서 항아리들을 뒤져. 그중에 한 항아리를 여니까 명주실을 뽑아서 하나 가득 차곡차곡 쟁여놨더라고. 그놈을 저희끼리 몇 타래씩 나누어. 내 속으로 '총 있으면 저놈들을 다 쏘아 숙여버렸으면 좋겠다'고 생각했어. 이놈들이 실타래 나누는 데만 정신을 팔고 있어서 육혈포 같은 것 있으면 다 죽일 수가 있겠어. 그놈들 총은 마당에다 세워놓고 안 갖고 들어왔더만.

이제 해 다 넘어갔어. 그때까지 나는 마루에 가만히 앉아 있었어.

'어치게 허꺼라오? 나도 뭣이던지 조깨라도 먹어야 쓰게 생겨서 인자 가야겄소.'

'어디로 갈라고 허시오?'

'필암으로 갈라오.'

'필암에는 누가 사시오.'

'거그 우리 재종들이 사요. 이 밤에 고창까지 넘어가던 못허게 생겼응게 거기 가서 하룻밤 자고 가야겄소.'

그랬더니 그놈들이 무슨 마음을 먹었는지 가라고 하면서 저 조암거의 다 가도록 데려다 주더라. 거기에서는 산비탈 쪽으로 붙었지.

그 길은 전에 할머니하고 다녀보아서 소롯길도 조금 알았어. 캄캄한 밤이지, 달도 없고. 그래도 어떻게 어떻게 해서 광암 할머니를 찾아갔어. '아이고 니가 어찐 일이냐?' 그 양반이 깜짝 놀랐지. 그럴 것 아니냐. 거기에서 하룻밤을 자고 다음 날 아침 일찌감치 넘어가려고 했지.

'나 밥좀 일찌감치 주씨요. 기양 가도 허제마는.'

'암, 먹어야제.'

그래서 밥을 먹고 하룻밤을 쉬었어. 그리고는 아침 날도 아직 안 밝아서 길을 나섰어. '나중에 기별허께요' 그리고는 솔재 안 넘고 소롯길로 산을 넘기로 했어. 왜 그랬는가 하면 솔재로 가려면 비들치재를 넘어야 하는데 '여그서 그랬겄구나' 하는 생각이 들어서 그리 넘어갈 수가 없을 것 같더라고. 지금도 할 수 없으니까 그리 다니지 지나갈 때마다 속이 안 좋아. 그래서 아치실로 갔지. 아치실 명수 형 집으로 갔더니 그 양반도 깜짝 놀라네. 그럴 것 아니냐.

'니가 어쩐 일이냐?'

'큰집 소식도 적적허고 또 형님 소식도 궁금 안 허요? 그리서 와봤어요.'

'그리야! 잘 힜다. 근디 엊저녁에 철수가 우리 집이 왔었다. 철수도 잽혀갖고 느그 큰아버지허고 같이 모암 사람들한티 맽겨졌단다. 근디 철수가 신도 못 신고 옷이라고 아랫두리가 다 찢어져 갖고 왔어. 어떻게 히서 니가 이 밤에 오냐고 하면서 떨어진 검정 고무신 하나를 주었다. 긍게 엊저녁까지는 숨이 붙어 있었다.

그래서 아하, 철수는 아직까지 안 죽었구나 하고 알았지. 큰아버지는 그 길로 그놈들이 죽였거든. 큰아버지 같이 늙은 사람도 죽이는데 철수 같은 젊은 것은 두말 할 것이 있겠냐? 철수는 그러니까 도망을 쳐서 살아난 것이지. 나중에 들어보니까 묶어놓았는데 뒷간

간다고 좀 풀어달라고 해서 도망을 쳤다고 하더라. 그런 저런 이야기를 조금 하더니 명수 형이 가라고 그러더라. '뭐라도 입맛 다실 것이 있어야 허는디 앙 것도 없다. 정신도 없고. 또 나도 주목받는 사람인디 어찧게 허겄냐. 기양 가거라.'

그래서 왔어. 능사골로 해서 구고개 앞으로 오는데, 거기에 그적에 정기네 밭이 서 마지기가 있었어, 시방도 정기네 밭인지 모르겠다마는. 그날이 여드렛날이지. 점심 때는 넘고 술참 때는 넘었는지 안 넘었는지 하는 때고. 장성댁이 밭에서 일을 하다가 나를 보고는 깜짝 놀래.

'아이, 으디 갔다 오시오?'

'예, 나 장성 갔다 오요.'

'음마, 언제 가겼었소?'

'나 어저께 갔다 오요.'

'그러요? 아 한동네 살아도…….'

'근디 왜 그렇게 놀래요?'

'아 집이 시방 야단났소.'

'무슨 야단인 나?'

'아이고 장성서 순사까지 오고, 멫 사람이 와 가지고 집이 큰집 작은집을 다 갈대밭 뒤디끼 힜어라오.'

하면서 큰 야단이 났다고 그러네. 그적에 내 마음이 어떠했을 것이냐. '그러요?' 하고는 집에 와서 형님 집으로 들어갔더니 어저께 큰집에서 보았던 놈 일곱 명인가가 왔어. '아이고, 동무들 욕보요' 그랬더니 어저께 어디서 잤냐고 물어. '내가 어저께 필암서 잔다고 안 헙뎌?' 그랬더니 그랬냐고 하더라고. 그리고는 아무 말도 안 하고 있지 시방. 그놈들 보고 무슨 할 말이 있어야지. 아무 말도 할 말이 없더라고. 부안면 순경들도 왔다는데. 내가 거기 앉아 있을 수가 없어. 지완이한테 쫓아갔지.

‘아 이놈덜아, 나는 공산당은 안 힜다마는, 그리도 너허고 나허고 친구 사인디, 친구 집이 갑작시럽게 와서 가택수색을 허고 뭇 헌다는디 걍 니 일만 보고 자빠져 있냐 이놈덜아? 나는 그리 안 히야. 가사적 우리 식구들이 죽어도 느그놈들은 모리는 척허고 있을 것 아니냐? 에끼 놈덜.’

그랬더니 처음에는 아무 말도 안 하더라. 그러더니 ‘우리들이 못허게 힜어. 긍게 부안면 순경을 데리고 왔어. 어디가 모르쇠 허고 있을 것인가? 못허게 힜네. 그리도 그놈덜이 권한이 더 있넌디 어찔 것인가.’

‘권한이 더 있다고 히도, 느그놈들은 공산당 아니냐?’

하고 쏘아붙였지. 그래도 별 수 없어. 그날 저녁에 그놈들하고 같이 잤지. 밤에 쫓아버리지도 못하고. ‘그나 이나 욕들 봅니다. 오늘 밤은 여그서 자씨요’ 해서 자게 해 놓고 집에 와 보니까 우리 집도 샅샅이 뒤졌어. 인공 때 그렇게 당했어. 그것이 말하자면 큰집 덕이지. 참 어려운 세상이었다.

이런 일도 있었다. 하루는 심심해서 기수네 감나무 밑에 나갔더니 다들 나와 있더라. 중일이도 있고. 유중일이, 그까짓 놈이 무었을 아냐? 가갸 뒷자도 모르는 놈이다. 그런데 그것도 공산당이여. 그놈이 공산당인지도 나는 몰랐지. 그적이 7월달이여. 7월 그믐께나 되얐던가, 수확고를 잡는 때였어. 수확고란 것이 뭔고 하면 농사지으면 밭에다가 뭔가를 안 심냐. 그것을 수확량을 잡는 것이야. 그래야 세금을 걷을 것 아니냐.

공산당이 참 말은 좋아. 가령 수확고를 10을 잡는다 치면 7은 작인이 먹어. 그리고 3은 저희가 가져가. 그것을 현물세라고 안 하냐? 공산당은 현물세를 받거든. 그럴려고 수확고를 잡는 것인데, 참 그것부터가 어림없는 짓거리다. 심지어는 이놈들이 조 모가지까지도 센다. 큰아버지가 그것도 세고 다녔어. 그 사람들이 가자고 하는데 어떻게 할 것이냐. 그전 대한민국도 수확고를 잡기는 잡았어. 그래도 조 모가지 세고, 시퍼런 깨 벌려가면서 세고 그러지는 않았어. 조 모가지도 큰 모가지에 자그만씩 하게 방울방울 달려 있거든. 그놈을 다 센단 말이야. 그리고는 이 중에서 쭉정이가 몇 개 해서 얼마를 빼. 그 사람들은 정확하게 한다고 그 지랄들을 하지마는 아무리 그래도 새나 닭 쥐가 먹는 것이나 땅에 흘리는 것은 못 세거든.

나락을 보면 모가지를 아직 고개를 숙이지도 않아서 꼿꼿하게 생긴 놈을 가지고 낱알 수를 센다. 저희들은 정확하게 한다고 아직 영글지도 않은 모가지를 잘된 놈 하나 뽑고, 못된 놈 한 모가지 뽑고, 또 중간쯤 된 놈 한 모가지를 뽑아. 그러니까 세 모가지를 뽑아. 나름대로 정확하게 하려고 하는 것이지. 그 사람들도 다 농사짓는 사람들이라 알 것 아니냐. 그래 가지고 그놈 알 수를 세어. 그리고 쭉정이도 센다. 쭉정이는 모가지가 숙어야 나타나거든. 그러니까 그전 예로 비추어 볼 때 몇 개는 쭉정이가 될 것이다, 이렇게 세어. 그런 판인데 감나무 밑에 가니까 몇 사람이 있어. 그런데 중일이도 그 자리에 있다가 나를 보더니 말을 해.

'아이고, 이렇게 늦게사 모시리(마실) 나오요?'

'뭣이 늦는가, 자네들도 이롷고 있는디.'

그랬더니 시방 형님이 어디 계시냐고 물어.

'시방 주무시는가 모르겄네. 그러나 저러나 시방 수확고 잡는다고 허대.'

'뭔 수확고를 잡어?'

'농사를 지었잉게, 자네부터도 우선 수확고를 잡을테제?'

'아 고구마도 인자사 논 사람도 있는디?'

'응, 그리도 잡어. 한 포기에 얼매나 달릴지 짐작을 히여. 여러 사람이 댕깅게. 가사적 이 밭에는 한 마지기에 한 가매이가 나온다던지 두 가매이가 나온다던지 잡어. 또 스숙(조) 모개도 시어. 깨도 벌려가지고 시어.'

'아이고 미친 놈들.'

중일이가 그러더라. 그래서 내가 건성으로 그랬어.

'그리도 자네 같은 사람들은 달게 받어야 히여.'

그것이 무슨 소리인고 하니 '자네는 공산당 아닌가' 그 소리지.

'뭣이 어찌여?'

이놈이 대번에 이렇게 대들고 나오더라. 암말도 안 했지. 그랬더니 '아 뭣이라고 혔어?' 하고 인상을 쓰면서 나오더라고. 가만 보니까 안 되겠어. 그래서 내가 되게 받고 나섰지.

'얼레 야 좀 보소. 내가 먼 해되는 소리 혔어. 아 달게 받으라는 소리가 해로운 소리여? 이건 뭐여 또. 앙 것도 아닌 것이 티를 뜯고 달라드네. 아나 한 번 히 봐라. 야 이놈아 너 공산당 아니냐? 근디 거그다 대고 미친 놈 소리를 허고 있어? 나는 공산당 아니라도 받어 냉기고 있는디. 긍게 달게 받으라 소리가 해로운 소리냐, 이놈아? 세상으 벨 것들이 다 지랄허네. 내가 누군지 모르냐? 내가 곧 죽어도 헐 말은 허고 죽어 이놈아. 이 김헌수가 이릏게 다 죽어 지내도 승질나먼 느그덜은 다 잡어먹고 죽어.'

그러니까 영철이가 말려. '아 웃으매 소리 허다가 무슨 짓거리여?'

'아 요놈 자식이 티 뜯고 안 달라드는가. 내가 못헐 소리 혔는가? 법이 그릉게 다 당허는 것인디.'

그렇게 기를 꺾어버렸어. 중일이 그런 놈이 어디 언감생심 나한테 덤비겠냐?

■ 월산 할머니에게로 양자는 언제 가셨어요? 인공 전인가요?

아니, 인공 다음이다. 그런데 그 할머니는 친정이 월산이 아니고 광암이니까 광암 할머니라고 하는 게 맞아. 그 할아버지 초취 할머니가 월산에서 오셨단다. 할머니가 나를 퍽 귀여워하셨어, 왜 그랬는지 모르겠지만. 나도 장성에 가면 할머니한테 잘 갔어. 그럴 것 아니냐, 잘 해주는데. 그러다가 언젠가 한번은 들에 갔다 오니까 그 할머니가 오셨는데, 공기가 이상하더라. 어머니는 돌아 앉아 있고, 할머니는 토방 아래 무릎을 꿇고 있어. 나는 그냥 집으로 와버렸지. 그때는 제금났을 때고만 그러니까.

그 다음 날 큰집에 갔더니 할머니가 그때는 방에 들어와 앉았는데 그래도 어머니는 옆으로 돌아 앉아 있어. 이상하다고 생각했지. 그리고는 할머니가 그날 가셨다. 가고 나서 어머니한테 물었어. 왜 그러느냐고. 그랬더니 어머니가 그러네. '너를 양자 도라고 허더라' 깜짝 놀랐지. 그럴 것 아니냐. 그 뒤로 할머니가 몇 번이나 오셨다, 우리집에. 그래서 양자를 가게 되었어. 어머니가 그러시더라. '우리집 들어서자마자 물팍을 타구 꿇더라. 물팍걸음으로 짚시랑 아래까지 들어오겼어. 생각히보면 불쌍헌 분 아니냐. 좋은 일도 많이 허겼는디 아들이 없어가지고' 어머니보다 항렬이 높지 않냐, 할머니가. 그래도 무릎을 꿇어. 그러니까 너도 빨리 아들 하나라도 낳아야 해.

■ 그 할머니하고 촌수도 멀지 않아요?

그렇지. 월촌[71]을 했지. 따지자면 여수가 제일 가까워, 그 할아버지하고. 여수 할아버지가 그 할아버지 동생이니까. 그래서 여수를 낳자 양자를 보냈더란다 큰집으로. 그리고 여수 아버지가 아직 젊

71) 촌수를 따져서 10촌이 넘으면 '월촌' 했다고 한다. 월촌을 하면 같은 문중이기는 하지만 일가 범위로 치지 않는다.

으니까 또 낳을 요량을 했던 것이지. 그런데 아이가 안 생겨. 그러니까 '아이고, 형님 나도 인자 대가 끊어지게 생겼응게' 하면서 파양을 해달라고 했어. 별 수 있냐, 파양을 했지. 할아버지가 돌아가고 나서 할머니 장사도 하고 뭣도 하고, 고생 많이 했다. 양반 체면에 그 근방에서는 못하고 멀리 돌아다니면서. 그러다가 내가 들어가게 되었지.

▒ 그 할머니는 아버지한테 할머니벌이잖아요. 우리한테는 증조할머니고. 그런데 어떻게 양자가 되어요.

족보를 보면 '시양손'(侍養孫)이라고 안 되어 있냐. 그런데 처음에는 그런 말은 안 쓰고 그런 것을 '도토마리 양자'라고 들었다. 어떻게 다른지는 모르겠지만. 그러니까 한 대를 걸러서 하는 양잔데, 처음에 양자 이야기가 나왔을 때는 그렇게 족보에까지 올리는 것으로 하지는 않았어. 그냥 할머니 노년이나 모시기로 한 것인데. 족보까지 고친다고 했으면 어머니가 승낙 안 하셨을 것이다. 그런데 나중에 보니까 족보에까지 올라버렸더라. 할머니 돌아가고 나서 족보 만들 때 형님인가가 그것을 고치자고 하더라마는 그렇게야 할 수 없는 일 아니냐.

어떻든 그 할머니가 논 서 마지긴가를 가지고 왔는데, 그놈으로 내가 살아났다. 그러니까 양자 하고 몇 년이나 되었던가 내가 되게 아파버렸어. 돈이 있어야지. 할 수 없이 할머니가 갖고 온 논, 그게 장성에 있었는데, 그 논을 팔았지. 알미 장터 박금열이한테 싹 들어가버렸다. 금열이 살림 내가 다 해주었다. 그러고도 고생하다가 결국에는 고창 병원에 가서야 나았어. 페니실린 맞고. 거 페니실린 참 좋은 약이다. 그것 한 방이면 어지간한 것은 다 나았어.

■ 인공이 끝나고 군인들이 진주했을 때 좌익들은 어떻게 했어요?

'수복되고는 숨기가 일이지.'

■ 어디 다른 곳으로 도망은 안 가고 그 근방에서 숨었어요?

그날이 10월인가 동짓달인가 국군이 진주를 하던 모양인데 나는 시방 아무 것도 모르지. 그때가 새벽이다, 날이 희뿌옇게 샜는데, 그 적에 나락을 다 베어서 들판에다가 가래를 다 쳐 놓았는데, 뗏집 문 앞에 서서 들판 쪽으로 멀리서 보니까 아 나락가리 속에서 누런 사람들이 나와서 시정 앞에서 시방 덕산이 집으로 올라가는 도랑 안 있냐, 그쪽으로 기어 올라가더라고. 그적에는 산에 수목이 별로 없었거든. 인공 전에 다 벗겨 가버렸어. 가만히 보았더니 수만 명이나 되는 것 같아. 앞잔등 쪽으로 보면 앞잔등에도 사람, 산마루로 봐도 사람들이, 산으로 올라가는데 차근차근 날이 새면서 자세히 보았더니 울타리를 하게 생겼어, 누런 사람들이. '아하, 이것 야단이 나도 크게 났구나' 했는데 알고 보니까 그것이 진주하는 사람들이었어.

그런데 우리는 몰랐지만 진주하기 전에 군인들이 흥덕에 몇 번을 들락거렸단다. 진짜 군인은 아니고 순경이. 그것들이 무슨 대원이라고 하던데, 그 사람들이 오면 몇 십 명이나 오는지 총을 꼭 깨 볶듯이 쏘아댄다. 무단히 총을 그렇게 쏘아. 어째서 저러는가 하고 나중에 들어보면 수복 군인들이 와서 그런다고 그러더라. 아 무서워서 살 수가 있어야지. 그렇게 한바탕 하고 나면 또 죽은 듯이 없어져. 오려면 한꺼번에 와야 한단 말이지. 그러기를 몇 번이나 했어. 나중에 들어보았더니 그 사람들 차를 타고 와서 도망칠 예산을 하고 차 앞대가리 성내 쪽으로 돌려놓고는, 총알 없애려고 그러는지 한바탕씩 이유 없이 퍼부어대고 가고 그랬다고 그러더라.

그러면 공산당놈들은 그쪽에다 대고 욕을 하고 난리지. 그적에 공산당 중에는 다른 데서 온 사람들도 있었어. 어디서 왔는가 하니 고부 근방에서. 연기동 댁네 집에도 한 패가 있고, 종엽이네 집에도 한 패가 자고 그랬어. 그러면 나는 '예이 비러먹을 놈들! 올라면 한번에 와버리제, 그 지랄들만 허고 있냐?' 하고 생각을 하지.

그렇게 날짜만 가는데 하루는 암만 생각을 해도 못쓰게 생겼어. 거기에다 그적에야 말고 반찬도 떨어졌고. 그래서 대섬으로 젓 받으러 간다고 갔지. 그적까지만 해도 나는 대섬이 조그만 섬이라 공산당이 없을 줄 알았어. 그래서 지완이보고 '대섬으로 젓 받으러나 가자'고 했어. 지완이도 좋다고 하더라. 그래서 같이 갔어. 양철동이 지고 찹쌀 몇 되씩 가지고. 대섬 젓 알아주거든. 참 좋아. 그러니까 그첨 저첨 피난도 갈 겸해서 며칠 있다 올 생각으로 양식도 짊어지고 갔어. 그런데 갔더니는 '오메 뜨거라!' 거기는 참말로 공산당 대가리들이 많이 자빠져 있네. 인종이도 거기 자빠져 있더라. 젓도 없고. 진즉 떨어져 버렸단다.

그래서 그냥 오는데, 까침재라고 질마재 넘으니까 흥덕 쪽에서 총소리가 나기 시작하는데 또 깨 볶듯 한단 말이야. 그래도 그냥 오지. 젓통 짊어졌으니까 그 사람들 만나더라도 어떻게 하겠냐 생각하고 왔어. 동네까지 아무 일 없이 왔어.

■ 인종씨도 좌익이었어요?

인종이는 좌익은 아니지. 몰라, 속으로는 좌익인가 피난 간 것인가. 어떻든 거기 있더라고. 그적에는 난리 속이라 사람들도 밀려갔다 밀려왔다 그러는 판인데. 그런가 하면 동네서는 공산당들이 늘 야경을 돌고. 한번은 어떻게 밤에 기어서라도 군인 있는 데로 도망을 해볼까 해서 네 작은아버지보고 태극기를 그리라고 했어.

'아이, 문 태극기를 그리라고 허요?'

'아 하나 기려 주어.'

그래서 작은아버지가 태극기를 그리다가 영철이한테 들켜버렸네. 나중에 내가 공산당에 들으려고 했더니 '태극기 기리는 사람이……' 하면서 안 받아주어. 그러니까 만수가 내가 그리라고 해서 그렸다고 말을 했는가 보더라. 그래서 개도 잡아서 그놈들 대접했어. 내가 공산당 가입하려고 할 때 반성해야 한다고 하는 소리가 무슨 소린가 했더니 그 소리를 하더라.

정월인가 이월인가에 진주를 완전히 안 했냐. 그러고 나니까 이제는 이쪽에서 사방에 초소를 만들고 사람들한테 누구는 몇 번째요, 누구는 몇 번째요, 하고 순서를 정해서 야경을 돌게 하네. '어디서 불이 반짝힜소', '어디서 무슨 소리가 났소' 해 이제. 공산당들이 지랄을 하는 것이거든. 나중에 들으니까 배풍산에다가 허수아비를 많이 세워놓았단다. 그러니 멀리서 보면 사람이 많이 있는 것 같단 말이야. 그러면 총을 그냥 깨 볶듯 하지. 그렇게 밀려갔다 밀려왔다 하는데 만약에 한꺼번에 밀려오면 어쩔 것이냐. 옥석구분이 아니냐 말이야. 그래서 그쪽으로 가면서 가져가려고 했던 것인데 발각이 되어버렸단 말이야. 그첨 저첨 넘어가기는 했지만 큰일 날 뻔했지.

아직 진주했다고는 하지만 난리가 다 끝난 것은 아니야. 말은 경찰이라고 해도 공산당한테 벌벌 떨어. 공산당을 보기만 하면 도망을 하는데 하나가 도망을 치면 다 도망쳐. 그렇게 물렀어. 그리고 김해길인가 뭣인가 그 사람이 뒷개 사람인데, 지서주임으로 와서 백운재서 죽기도 안 했냐. 그러니까 아직 흉흉했지.

그런 때였는데 연태 이 작자가 설 쇠고 눈이 풀리니까 산을 많이 이루었다. 그것이 시방은 우리 산인데 그적에는 아직 우리 산이 아니야, 동규네 땅이지. 연태가 뭐라도 좀 뿌려볼까 하고 따비질을 하다가 발견했어 그놈들이 놓고 간 것을. 연태가 거기를 파는데 무슨 북소리 같은 소리가 나더란다. 그것이 무슨 소리인고 하니 따비가 전화통을 쳐서 난 소리였어. 그전에 손잡이 돌리던 전화 안 있냐, 그 통이 판자로 만들었는데 이렇게 길어. 인공 때는 상골에도 영철이 집에다 놓고 전화질을 했어. 그러다가 도망하면서 거기에다 묻었던 것이지. 그러니까 연태가 '앗 뜨거라' 하고는 지서로 갔던 것이지. 그래 가지고 경찰 몇을 앞세우고 왔어.

그적에 높은 사람들도 왔어. 고부에서도 오고. 그 사람들이 와서 파보니까 전화통이 나오고 이만한 항아리에다 문서를 넣어서 파묻은 것이 나왔어. 그러니까 그것이 공산당놈들이 버리고 간 것이지. 그런데 그 서류에 죽일 놈 명단이 있는데 김덕수 형제가 첫 번째, 두 번째로 조판구로 올라 있더란다.

전실 양반은 또 왜?

판구는 또 왜 그렇게 미움을 받았는고 하니, 수매사업이 안 생겨 났냐. 그래서 구고개 시정으로 동네서 여러 사람이 갔어. 그적에는 무슨 일이든지 상골은 꼼짝 못하고 구고개에서 하자는 대로 해. 죽으라면 죽는 시늉이라도 해야 했거든. 그런데 수매 사업을 한다고 하면서 오라고 한단 말이야. 안 갈 수 있냐? 그래서 여러 사람이 구고개로 갔어. 그적에 판구도 가고 나도 갔어. 가서 보았더니 명색이 수매사업 부안면 위원장인 대오는 안 오고, 상골 구고개 사람에 반계촌에서도 올라와서 솔찬히 모였더라. 반계촌도 상등리 아니냐.

그런데 가만히 생각해 보니까 이미 얼굴은 보였겠다 내가 거기에 있을 필요가 없단 말이야. 있어봤자 좋을 것이 하나도 없어. 까딱 잘못하면 할당만 더 많이 받겠어. 그래서 마루 밑으로 들어가 버렸지. 안으로 들어가 보니까 멍석을 겁나게 쌓아 놓았더라. 그때가 여름이라 보리도 말리고 하던 것들인데 그래도 보리는 벌써 없어질 판이지.

한참 있으니까 대오가 오더라. 오더니 연설을 하더라. 보리를 수매해야 되겠다고. '이것은 국가 시책으로 하는 것입니다. 나도 집에 보리가 없는 좋은 압니다. 그리도 벨 수 없습니다. 돈은 중게 그놈 갖고 장성으로 가던지 영광으로 가든지 가서 팔아서라도 내놓아야 헙니다' 그러면서 사람들한테 수매할 양을 할당을 하네.

할당은 대오가 하지. 반계촌에 김경장이라고 하는 사람이 있어. 하루하루 쪽박 들고 빌어먹는 것이나 다름없는 사람이야. 그런데 제일 먼저 그 사람을 부르더라고. 나도 그 사람 빌어먹다시피 하는 줄을 알거든. 그래도 대오가 물어봐. '당신은 얼매나 내겄소?' 그러니까 김경장이가 세 말을 내놓겠다고 그러네. 나는 깜짝 놀랐지. 아무 것도 없는 사람이 어디서 나서 서 말이나 내놓아? 그런데도 대로는 '서 말은 너무 적소. 당신이 옹색헌 것은 알지마는' 그러더니 조금 있다가 '그러면 당신은 서 말을 내씨요' 그러더라. 나는 시방 마루 밑에 들어가 있는데, 그래도 소리는 다 들려. 그리고 내가 그적에 인민반장이라 내가 온 것은 대로도 알아.

그리고는 하나씩 하나씩 불러서 할당을 해. 그런데 가만히 보니까 살기 어려운 사람부터 불러대더라. 반계 사는 사람들이 장바닥에서 이삭을 줍던지 어떻게 품이라도 팔면 먹고 그나마 못하면 굶는 사람들이거든. 그런 사람들부터 차근차근 부르더라고. 소승(小升)이니 대승(大升)이니 하는 것은 말도 안 나와. 그래도 관에서 하는 것이 대승일 테지. 그런데 세 말은 그나마 경장이 하나밖에 없고 닷 말이네 엿 말이네 다들 할당을 받아. 떠맡기는 것이니까 꼼짝을 못하지.

그럭저럭 한 가마니, 한 섬 해서 기판도까지 왔어. 그적에 대오하고 기판도하고 사이가 안 좋았어. 실상 기판도도 아무 것이 없었는데 그래도 다른 사람들하고 비교해 보면 괜찮은 편이지. 광작도 하고 소장수도 하고, 집도 짓고 살았어. 그런데 대오가 이장질 할 때 얼마나 물렸는지. 거기다가 노철이가 기피해서 군대를 안 갔거든, 그래서 대오한테 꼼짝을 못했어. 대오가 갖고 놀았어. 자식하나 군인 안 보내려고 그렇게 당했어. 밤낮 순사들한테 뜯기고. 노철이가 독자도 아니고 형제니까 그렇게까지 안 해도 될 일인데. 하여간 기판도는 대오를 호랑이보다도 무서워했어. 대오는 기판도한테 저 하고 싶은 대로 했어. 그런데 기판도 차례가 왔네.

기판도가 그적에는 아무 것도 없다는 소리를 내가 들었어. 시골살림에 조금씩만 뜯겨도 그렇게 되는 것이다. 굶네 어쩌네 하는 소리까지 들렸거든. 그러는 판인데 이런 세상까지 되었으니.

'어쩔랑가' 반말로 물어. 대오하고 기판도는 반말하게 되어 있냐? 기판도는 양반이라고 그랬으니까 벗은 했는가 어쨌는가 몰라도. 그런데 대오가 반말을 하더만.

'말 허소. 시방 나는 한 됫박도 없응게.'

'긍게 돈은 중게 팔아서라도 어떻게…….'

'아니 말을 허라고.'

'슥 섬 내놓소. 슥 섬.'

허허. 한 됫박도 없다는 사람한테 석 섬을 내놓으라 그거야. 별수가 없어. 사람이란 것은 남에게 안 보이는 양심이란 것이 있다. 양심을 속이면 저는 알아, 남한테는 안 보여도. 그런데 경장이 같은 사람이 서 말을 내놓는다는 소리를 다 들었단 말이야. 그나마도 서 말은 경장이 하나밖에 없고, 한 가마니, 열다섯 말, 두 섬이니…… 그런데 아무리 없다고 해도 기판도가 그 사람들보다는 낫단 말이야. 온 세상 사람들이 알기를 그렇게 알아. 그러니 어떻게 할 것이냐. 그래서 판도가 대오보고 말을 하라고 한 것이지. '알아서 하라고. 내가 죽는 한이 있어도 으디든 가서 팔아올 것잉게. 못 팔아오면 그때 가서 말망정' 그런데 아무 것도 없는 사람한테 석 섬을 내놓으라고 하면 내놓을 수 있겠냐? 그래도 기판도는 아무 말도 못하지. 그래서 석 섬으로 적었어.

'아하! 요놈들이 미리 회의를 혔구나' 하고 생각했지. 공산당놈들 하는 짓들이 그런다. 아무 것도 없어서 빌어먹으러 다니는 사람한테 내놓으라고 하면 내놓을 수가 있겠냐? 그래도 그냥 내놓으라고만 하는 거야. 그리고는 보리가 없다니까 호밀이라도 사오라네. '호밀은 조께라도 있지 않으요?' 너 호밀 알지? 호밀은 라이맥이라고 하는데 공판에서 받기는 받아도 제일 나중에야 받거든. 그전에는 호밀도 제법 심었다. 그러다가 통 안 심더니 요사이는 사료로 한다고 또 심더라. 그적에는 공판도 다 끝나가는 판이라 호밀도 없어.

그렇게 한 뒤에 나는 그냥 와버렸지. 그리고 상골 돈은 나중에 영철이가 갖고 왔어. 얼마 가지고 온지는 몰라도. 그 이튿날 아침 일찌감치 영철이가 오라고 해서 갔지. 갔더니 돈, 공산당 돈 천원 짜리 다섯 장인가를 주어. 보리 팔아 오라고 나누어 주라고 하면서. 그 돈을 누구를 주겠냐. 그런데 상골 조판구도 한 가마니 반을 당해 왔네. 그래서 천 원을 주었어. 가서 다만 한 됫박이라도 좀 팔아 오라고.

'으디 가서 팔아 온당가?'

'창안골이라도 한번 가보씨요.'

판구 할아버지가 기영이라고 뚱뚱한데 창안골 살았거든. 아들도 없고 재산도 별 것 없어도 자기가 일해서 먹고 살 만은 했어. 찰흙논이라도 서 마지긴가를 벌었다든가. 어떻든 늙은이 내외가 먹고 살기는 그런 대로 괜찮았어, 그 영감은 일도 못했지마는.

'거그 가서 다믄 반 됫박이라도 팔아 오씨요. 그렇게 조께라도 내밀어야 헐 것 아니요. 으찌여, 다들 없는디, 죽이기사 헐랍디여?'

그랬더니 할 수 없이 그 돈을 받았어. '내가 판구씨한티도 돈 천원 주었네' 영철한테 말을 했어.

이튿날 영철이가 집집마다 잘 되어가는지 물어보고 다니는 중에 판구네 집에도 갔던가보더라. '판구씨, 판구씨' 불렀어. 암만 찾아도 없거든. 식구들한테 물어봐도 몰라. 그래서 우리집에 왔어.

'판구씨가 없네.'

'없으면 언제 오던지 올티제. 보리 구허로 갔잉게. 시방 누가 으디로 갔는지 알 것는가? 나중에 찾제 지금 찾을 것 뭣 있는가?'

그래도 영철이가 판구씨를 제일 심하게 찾어싸. 판구가 평소에 '하이고! 공산당' 하고 비웃고 그랬거든. 그래서 그랬는지는 몰라도. 판구도 '방정맞다 조판구'다. 사람들이 그 형제를 '방정맞다 조판구, 으뭉허다 조판오, 몽땅허다 조판길' 그랬거든. 그러니까 말하자면 판구가 입방정을 떤 것이지.

그런데 없어. 그래서 나랑 영철이가 찾으러 돌아다녔지. 한참을 찾았어. 이리 저리 찾으러 다니다가 시방 강골 양반네 밭, 그적에 경환씨가 해미 댁 얻어서 거기에다 집을 안 지었냐. 그런데 그적에는 비어 있었어. 내가 어떻게 해서 그 집에 갔는지, 판구씨가 거기에다 자리틀을 차려놓고 자리를 치고 있네. 자리 칠 때가 아닌디. 허허 내 참.

'아니, 시방 어느 땐디 자리 치요?' 하고 내가 물었더니 영철이도 옆에 있다가 '뭣 좀 팔로 댕겨봤소?' 하고 물어.

'뭣을 댕겨? 나 죽일라면 죽이소. 나는 못허겄네.'

'참말로 죽고 잡퍼?' 영철이가 반말로 그러더라.

그러니까 '죽여. 하래 더 살다 죽으면 뭣 허겄는가? 일찌감치 죽이소' 하고 나와. 그렇다고 죽이겠냐? 그러니 무장 미움만 더 받지. 그첨저첨 해서 미움을 많이 받았어. 그렇게 그렇게 해서 나중에 연태가 찾아낸 서류를 보니까 판구씨가 두 번째로 딱 올라 있더라고. 우리는 문서까지 있는 줄은 몰랐지.

하여간에 수매사업을 해서 호밀 열닷 말인가를 걷어왔어. 그것을 영철이네 새로 지은 집 머리 작은 정지에다 갖다 주었어. 그랬더니 영철이가 자꾸 나보고 가져가라고 하더라. '내가 뭣 허게 가지가? 나는 씰 디 없네' 그리고는 거기에다 두었지. 그렇게 해서 영철이가 받았어, 얼마를 가져다 주던. 그런데 받아놓고 보니까 처음 수매사업을 할 때 말했던 것에서 오십분지 일도 못 돼. 호밀 열닷 말이라고 해도 누가 되어보냐. 내는 사람이 얼마라고 하면 그대로 받아서 보태고 보태고 했지. 그러니 실상은 얼마나 되는지 모르지.

한번은 방죽목으로 술을 먹으러 갔더니, 홍금동이가 거기에서 술장사 안 했냐, 무장양반도 와 있고 여러 사람이 와 있더라. 그때가 그러니까 아래 금동이네 집 마당에다가 풋보릿대를 널어놓았으니까 한 해를 지낸 다음 해다. 그적에 부안으로 호(壕)를 파러 보냈어, 상골에서 양선이, 종엽이, 순목이라고 몽치 동생, 또 하나가 더 있는데 누군가 생각이 안 난다마는 넷이었어. 그것도 내가 보냈어, 사람을 보내라고 해서 보내려고 했더니 누가 가려고 해야지. 그럴 것 아니냐, 거기는 전쟁턴데? 그래서 먹을 것은 줄 테니 가라고 하면서 많이씩 주었어. 쌀을 일곱 되씩을 주었다. 그적이 칠월이니까 보릿고개 아니냐, 호밀죽도 못 끓여 먹는 땐데 보리쌀 두 말씩하고 쌀 일곱 되씩을 주었어. '당신들 쌀밥 먹을 수 있어?' 하면서. 그랬더니 서로 가려고 그러더라. 그래서 종엽이가 당원까지 되고 해서 갔어. 말하자면 빽을 좀 쓴 셈인데, 그러니까 옹서(장인과 사위) 간에 갔지. 그적에 가면 일주일 있다 온다고 그랬어. 나도 그적에 쌀을 좀 내놓았다.

그 이튿날 아침에 양선이네 집에 갔더니 양선이가 있어. 양선이 댁호가 순창 양반이다. 놀랠 것 아니냐?

'음마, 당신 안 갔소? 어찔라고 왔소?

'갔다 왔네.'

'아니 뭔 소리여. 아 어떻게 히서 와? 가라고 헙디?'

'내 말을 들어보소. 갔더니, 인민군은 많이 있기는 있는디 일을 안 시키더라고. 어서 왔냐고 물어보는 법도 없고, 어찌 야들이 얼떨떨헌 놈 모냥으로 눈이 벨시럽게 생겨갖고 모텡이 모텡이 앙거갖고 즈그까지만 뭇이라고 허제. 통 일을 시겨야 일을 허제. 으디로 가도 으디 가냐고 허도 안 허고 히서 기양 와버렀네. 근디 줄포 옹게 태극기가 걸렸대.'

시방 여기는 아무렇지도 않지. 그래도 그놈들이 벌써 손을 들었던가봐. 이 며칠 사이에 야단이 났었거든. 그래서 그놈들이 그 지랄을 했던 모양이야. 다른 데서 온 사람들은 없더란 것이여. 벌써 왔다 갔는가는 몰라도. 연장도 다 내버리고 그랬다네. 하기야 뒤죽박죽되었는데 무엇을 할 것이냐. 그 사람들 양식만 공으로 벌었지. 그랬다고 다시 달라고 하지도 않았으니까. 그저 '그래요? 그래도 그런 이얘기는 허지 마시요' 하고 당부하고 말았어.

그러면 도망다니고 숨고 하신 적은 없었어요? 인공 치하에서는 어떻게 지내셨어요?

왜 안 도망 다녀? 인공 때 그 사람들한테 미운털이 박힌 사람들은 다 도망다니고 그랬어. 공산당들이 종갑이 동생 잡으려고 굉장했어. 결국에는 잡혀서 죽었다. 공산당 놈들이 산마루에서 감시서고 하면서 찾아 다녔어. 밤에도 잡으러 다녔으니까. 잡으러 다니는 것도 다 봤다. 또 용태도 죽이려고 고부에서 온 놈이 찾아다녔어. 그놈은 울령동 댁 친오빤데. 그러니까 용태하고는 사둔간인데, 그놈이 공산당에서 한가락 했던 모양이더라. 용태는 왜 그랬는고 하면, 영기네 작은방에서 자율대를 조직하는데, 용태가 자율대장이 되었다. 그런데 용태가 안 하려고 했어. 그래도 '당신이 그것을 히야 히여. 당신 밖에 헐 사람이 없어' 하고는 시켰어. 그래서 하게 되었어.

그러다가 나중에는 용태가 사정을 해쌌네. '늙은 사람이 으찌게 허겄는가' 그래서 할 수 없이 순목이를 시켰어. 순목이도 당원이었어. 그래도 그적에 나한테 꼼짝 못했다. 내가 당원은 아니라도 인민반장이라. 구고개에서는 대오가 왕이고 상골서는 내가 왕이었어. 영철이가 세책이라고는 해도 어림도 없었어. 그런데 그적에 누가 자율대장을 하려고 하겠냐? 아무도 할 사람이 없어. 지금 군인들이 배풍산까지 밀어 왔다가 밀어 갔다가 어쨌다 별별 소리가 다 나오는 판이란 말이야. 그래서 할 수 없이 순목이를 시켰지. 그러니까 순목이는 자율대장 되자마자 군인들이 진짜로 진주하니까 일찌감치 안 잡혀서 죽어버렸냐. 자율대장이라고 하니까 그냥 죽여버렸거든. 그적에 나도 도망을 다녔어. 뒷잔등 너머 윤영이네 밭에 벽돌 공장이 있고 그 앞에 나락밭이 있었어. 그 나락밭으로. 우리 밭자리도 그적에는 동아네 밭이었어. 거기에 메밀 심어놓고 그랬어. 그런 데 숨었어. 가까운 데 숨었어.

한번은 개놈들하고 싸운다고 하면서 먹을 것을 가져다주어야 한다네. 경찰들을 개놈이라고 했다. 그래서 동네에서 찹쌀을 걷어서 누구네 집에서 했던가 밥을 했어. 그것을 커다란 바구니에다 담아서 싸우러 간 사람들한테 내다 주어야 한다는 거야. 그적에는 용태가 자율대장이었고만. 동네마다 자기네 동네에서 나간 숫자만큼씩 먹을 것을 가져다 주어야 하니까 다 나오라고 했어. 그래서 밥을 하기는 했는데, 가지고 갈 사람이 있어야지. 그래서 용태하고 나하고 새끼로 바구니를 단단히 묶고, 장대를 찔러서 매고 갔어, 당산 모퉁이를 돌아서 배풍산으로. 그런데 그쪽에서 이따금씩 쿵쿵 소리가 난단 말이야. 그러다가 어떤 때는 콩 튀듯 하고. 그러니까 거기에 사람들이 있는 것 같아. 그적에 나락 가레가 들판에 꽉 찼어.

장터 지서 끝쯤에 비석 안 세웠냐. 아 거기쯤 가니까 총소리가 또 콩 튀듯 하네. 나하고 용태는 장대로 밥바구니를 맸는데. 용태가 '아이고, 이거 큰일 났네' 하고 겁을 먹어. 그래도 어떻게 할 수가 없어. 맞을테면 맞아라 하고는 비석거리까지 갔지. 갔더니 아 이놈들이 기관총, 그것은 물에 담궈서 쏜다고 하더만, 그것이 고장나서 총알이 안 나간다고 그러네. 그적에 내가 공산당을 죽여버렸으면 하는 생각도 했다. '저 총만 있으면 장테 모탱이 있는 놈들을 옴싹 다 죽일 수 있겄구나' 하고 생각했어. 덕흥리 지나서 석교천을 건너면 차독배기 아니냐? 그때 차독배기로 가려고 들판을 가로질러 가지, 시방. 석교천도 물이 조금밖에 안 내려오니까 바지 가랭이를 걷어올리고 그냥 건너 가. 강선교 밑에 뒷개 다니는 맹감다리라고 하는 소로 다리가 있었어도 그리 안 건너고 그냥 갔어.

들판을 지나서 좀 더 가니까 자꾸 앞에 실탄이 떨어지더라. 그래도 잘 안 맞는 것이다. 차독배기 밑에 외딴집이 지금은 두 챈가 세 챈가 되었는가 보더라마는 그적에는 산 밑에 한 채밖에 없었어. 거기 거의 갔는데, 아따! '쿵' 하는 소리가 한 발 나더만. 나는 포 소리도 잘 모르는데 그 외딴집 앞에 포 한 발이 떨어졌는데 용케 불발이 되었다고 하더라. 그적에 거기에는 싸우러 온 놈들, 밥 가지고 온 놈들, 수십 명이 있었어. 그 사람들이야 시켰으니까 간 것인데. 시방 수십 수천 명이 뒷개 이쪽에서부터 배풍산을 등지고 있지. 그런데 거기에 포가 떨어졌단 말이야. 누가 '포다' 하고 외치자마자 다들 죽자사자 사방으로 도망을 하는데 꼭 거미 알에서 거미 새끼 뿌려지듯 하더라. 그러고 나니까 들판에 사람이라고는 아무도 없어. 말리지도 못하지. 말리기는커녕 자기들도 도망을 쳐버리는데 뭐.

'허어 이거……' 용태하고 나도 그렇게 들판을 가다가 찔끔했지.

사람들은 다 도망해 버렸지……. '우리도 기양 가세' 그래서 도로 안 와버렸냐. 다행히 불발이 되었으니 망정이지 그놈 한 발이 터졌으면 어떻게 되었겠냐? 그 포탄은 마침 수렁논에 박혔다고 그러더라.

내 땅에서 내 농사를

■ **논은 언제 처음 사셨어요?**

내가 내 땅 농사를 지은 것은 방죽 밑에 있는 서 마지기가 처음이었어. 그것은 내가 상환냥 넣고 산 것이거든. 그러다가 나중에 동규 논 열 마지기를 한 해 사서 지었어. 그래서 합해서 모두 열세 마지기를 지었어.

■ **동규 아저씨네 논은 빌리셨어요?**

한 해 샀지.

■ **한 해 산다는 것은 일 년 동안만 농사 짓기로 하고 선불로 사용료를 지급하는 것이지요?**

그렇지. 선불로 주지. 정월이나 이월에 사. 그러니까 농사가 잘 되나 못 되나 미리 주어버렸으니까 땅 주인한테 뭐라고 말할 것이 없지. 그래도 만약에 흉년이 크게 들어서 전혀 못 먹게 되었으면 그 사람이 가만히 있지를 않지. 항의를 할 것 아니냐. 그러면 나는 그런 일 안 겪었다마는 다른 사람 예가 한 해 더 지어. 다소간이라도 먹었으면 안 되지만 완전히 못 먹게 되었을 때는 그렇게도 했어.

■ 그러면 그것은 옛날 원세 내는 소작과 같은 것이잖아요?

좀 다르지. 이것은 그냥 한 해만 짓는 것이니까. 소작은 지주들이 '고만 지어라' 할 때까지는 계속 안 짓냐.

■ 그때 마지기당 얼마씩이나 했어요?

한 섬씩 했다.

■ 그러면 보통 마지기당 얼마나 나왔어요?

양 석(두 섬)은 먹었지. 그적에만 해도 비료가 있는 판이라 옛날보다는 좀 더 나왔어. 그래도 김매느라고 사람이 굉장히 들었지. 핀지 나락인지 모를 정도였으니까. 그적에는 풀약은 없었거든. 그래도 논에 병이 없었어. 도열병이나 조금씩 있고 새가 조금씩 먹었다마는. 너 새가 뭔지 아냐? 이화명충이다. 몸체가 빨개가지고 나락 대 속에서 대를 갉아 먹고 사니까 새끼 꼬다 보면 벌레가 안 나오냐? 그것이 먹는 것은 어쩔 수 없었어. 나락 모가지가 나올 때 그것이 꼭 모가지 큰 놈만 먹어. 저 밑에서 갉아먹으니까 모가지가 나와서는 허옇게 말라 죽어. 그것이 많았어. 그래도 못자리에서는 조금씩 잡지. 세숫대야에다 물을 담고 석유 한 두 방울 떨어뜨려 놓고 가운데에다 불을 켜놓으면 불보고 덤벼들다가 밑으로 떨어지지. 그래도 그나마 못자리 때나 하지 모 다 심고 나면 그 짓도 못해. 들판 다 돌아다니면서 그것을 어떻게 할 것이냐.

논은 어떻게 마련하셨어요?

방죽밑 것은 상환답으로 넣고, 그 다음은 탑들 논을 샀다. 그것이 원래는 녹사리 댁이 벌어먹던 것인데 탑쇠한테 주었어. 탑쇠가 녹사리 댁 작은아들 아니냐. 그것을 나한테 팔았어. 그것이 원래는 너 마지기였는데 그것이 모시밭 저쪽으로 가면 한귀가 있어.

'한귀'가 무엇이지요?

배미[72]가 큰 논을 갈라놓은 것을 한귀라고 한다. 뭐 정식으로 논둑을 만들고 하는 것은 아니고 대충 나누어서. 논이 배미를 나눌 만큼은 아니지만 평평하지 않으면 한쪽만 물이 마를 것 아니냐. 그러면 나누기도 하고, 큰 배미를 나누어 이쪽저쪽 농사짓는 사람이 다르기도 하고 그래. 원래는 그것이 동규네 논이었어. 그놈을 갈라서 상골 쪽으로는 탑쇠가 벌었어. 나중에 내가 그놈을 합쳐버렸어.

그리고 그 밑에 있는 것이 서 마지긴데 하오산 사는, 삿갓 겯고 그래서 그전에는 삿갓쟁이라고 그랬다, 김 뭐라더라 그 사람 것이었어. 아래 배미도 그 방향으로 나누어져 있었어. 그리고 도랑 밑에도 기다랗게 한 배미가 안 있었냐? 그것도 이쪽 머리는 하오산 사는 수바우라고 하는 사람이 벌었어. 그 윗것도 그 사람이 벌고. 그러니까 수바우가 번 것이 모두 합해서 서 마지기였어. 그래서 뒷논이 모두 일곱 마지기거든.

---

72) 논둑으로 구분지어 놓은 한 구역. 땅의 넓이와는 관계가 없다.

■ 그러면 울령동 양반도 그것을 상환답으로 산 것인가요?

그렇지. 상환답으로 샀지. 그것이 평수로는 일곱 마지기가 실히 되는데 장부에는 그렇게 안 되어 있어. 그런데 그것이 저쪽으로 한 배미가 있었어. 묵은 땅으로. 그것도 수바우가 벌다가 나한테 팔았어. 왜 팔았는가 하니, 아래 배미가 저쪽으로 실끝같이 길쭉하게 뻗어나갔어. 그런데 그것이 절반 잘려서 절반은 탑쇠가 벌고 절반은 수바우가 벌고 그랬단 말이야. 도랑 아래 것도 그러고. 그러니까 논이라고 해야 험하게 생겼지. 그 논에 물을 대려면 언덕 밑 삐죽한 쪽으로 물을 댔어. 그런데 창안골에 저수지를 막기 전부터 언덕 밑으로 도랑이 있었거든. 그래도 그것이 순전히 폐답이나 다름없어 실상은. 왜 그러냐 하면 물을 댄다고는 해도 물이 귀한 때 아니냐? 저수지가 안 생겼을 적이었으니까. 말만 물 댄다고 하지 다 쓰잘 데 없는 짓이지.

■ 그 저수지는 해방된 뒤에 막았어요?

아 그거 만들어질 때는 해방 전이다. 그것을 내가 좀 벌어볼까 하고 사서 버는데 그적에는 수리조합이 있어서 저수지 물을 안 대냐, 도랑 아래 배미로. 그런데 저수지가 생겼어도 도랑 윗 논은 어림도 없어. 간신히 어떻게 아래 배미만 대지. 그래도 수세는 같이 물어주네. 내가 멍청이지. 그적만 해도 참 어두운 세상이고.

그적에 물감독을 하오산 사는 홍원표가 했는데 아 이놈이 꼭 나를 심부름시키네. 방죽 밑에 물을 대려면…… 방죽 밑은 물길이 안 머냐. 우리 논에 물을 대려면 저 저수지 밑까지 가서 수로를 지키고 있어. 그런데 저수지 물이 이쪽으로만 오는 것이 아니라 북쪽 그러니까 수남 쪽도 그 물로 농사를 짓는단 말이야. 그러니 그쪽 사람들은 그쪽으로 끌어가려고 하고 이쪽 사람은 이쪽으로 끌어가려고 하지. 그런데 암만 해도 이쪽 사람들이 달려. 도랑이 그쪽으로는 직선으로 내려가고, 이쪽으로는 중간에 보가 안 있냐, 거기에서 물을 빼야 한단 말이야. 그러니 이쪽으로 끌어 오려면 여간 어려운 것이 아니야. 간신히 물을 끌어 오면 위에 있는 논에서부터 차근차근 물이 들어가. 벙벙하게 대고 난 다음이라야 다음 논으로 간단 말이야. 그러니 가뜩이나 물이 많지 않아서 우리 논에 올 때쯤이면 물이 쨀쨀거리지. 그것 벌어먹으면서 논둑에서 잠을 많이 잤다. 그래서 내가 방죽 밑의 것을 팔아버리려고 하는 마음도 여러 번 먹었거든.

그런데 하루는 수바우가 도랑을 없애버렸어. 그때는 농사철도 아닌데 한날은 뒤에 가서 논을 둘러보니까 그 도랑을 없애버렸단 말이야. 그 도랑은 저수지 막고 수로를 내기 전부터 언덕 밑으로 있었던 것인데, 물은 별로 신통치 않았지만. 그런데 그것을 파묻어 버렸단 말이야. 이런 놈의 꼴이 있는가. 그런데 이야기를 하자면 거기에 수로가 나면서 논 한 토막이 위에서부터 잘려서 도랑 건너편 귀퉁이 쪽으로 가버렸는데 바닥이 아주 깊디 깊어져버렸어. 허리도 넘게. 방죽 되어버렸어. 그러니까 자연 논도 형편이 없게 되어버렸지. 수바우도 논바닥이 원체 깊으니까 도랑이 쓸 데 없을 것이라고 해서 그랬는지도 모르지.

그래서 어째서 그랬느냐고 하니까 그것을 뭣 하려고 두냐고 그러네, 내 땅인디. '뭣이 어찌어?' 하고 그놈하고 입씨름 하다가 할 수 없어 수리조합으로 쫓아갔지. 그적에 은우가 수리조합장을 하는데. '이만저만 헌디 이 노릇을 어찔 것이냐'고. 긍게 '아이고! 엥간허먼 말아버리제 그것을 어찌라고 나한티 와서 말허냐'고 하네. '말을 허다니? 아 이분네가 시방 으쩋게…… 시방 당신은 수리조합장이라고 이름만 지어서 월급만 타면 제일강산이여? 아 농사짓는 사람한티 한 평이라도 논에 물을 대게 히주어야 허고, 더군다나 당신 자작으로 허는 것도 아니고 조합으서 허는 것인디 어찧게 히 주어야제' 그랬더니 그것 조금가지고 어떻게 할 수가 없다는 거야.

그 무렵에 내가 배미앗이를 했어. 너 배미앗이가 무엇인지 아냐? 올망졸망한 배미들을 합쳐서 큰 배미로 만드는 것을 배미앗이(음)라고 한다. 그적에 우리 집에 강대편 수근이가 머슴 살았다. 상골 장정 종엽이로 해서 7~8명을 얻었지. 얻어가지고는 흙을 파다가 거기에다 부려서 도랑을 냈어. 장정 7~8명이 하루를 퍼다 부었으니까 오죽 하겠냐. 점심을 먹고 나니까 수바우란 놈이 나무 해 가지고 오던가 보더라. 해 가지고 굴재를 넘어서 오는데, 오다가 우리가 일을 하고 있어. 그래서 와서 보았더니 그렇게 해 놨거든. 그러니까 나는 '요옴으 자식 히보자' 하고 하루 내내 거기에 갖다 부려서 도랑을 만들었던 것이지. 이놈이 와 보더니 아무 말도 않고 가더만. 가더니 삽을 갖고 쫓아와. 내버려 두었어. 어떻게 하는가 보느라고. 내버려 두니까 갖다 부려놓은 흙을 막 파서 깊은 데로 몰아넣네.

제까짓 것이 아무리 장정이지만, 장정 7~8명이 하루를 져다 부린 것을 그리 쉽게 파낼 수가 있냐. 한참을 퍼내더니 그냥 내버려 두더어, 허허. 그러더니 나한테 쫓아왔어.

'아이, 어찔라고 그려. 나 죽네.'

'디져라, 디져. 너 어찌 도랑을 없앴냐? 나는 논을 다시 만들려고 그런다. 어찔라고 그전부터 있던 도랑을 없애? 나한테 말 한마디나 힜냐? 내가 그 도랑을 낸 것이 아니라 그전부터 있던 것을 너도 다 알지? 그런데 이놈아 도랑을 없애버려?'

수바우가 나보다 훨씬 더 먹었다 거. 이제는 죽었어. 그러니까 '나 죽는다'고 삽 들고 딩구네. '아이 디지거나 말거나 히여. 나는 몰릉게. 너도 말을 헐라먼 수리조합으 가서 말헐 수 백이는 없어. 나도 수리조합으 갔다 왔어. 기양 헌 것이 아니라. 나는 오늘 똘 낼라고 인부가 몇이냐? 내가 니가 그릏게 파내도 내부러 두었는디. 너 수리잡으다 말히서 헌수가 이만저만헌다고 허제, 나한티 홰풀이를 히여? 너 거그 똘 있는 종 알았제?'

'아 알았제마는 수리조합이고 나발이고 그 똘이 인자 못 씨게 안 생겼는가?'

'못씨게 생겼다니? 그 와중에 돈은 누가 물어 주어야제. 으찧게 히여. 건너 뛰어서 물을 어찌게 대여? 생각을 히봐. 긍게 수리조합으 가서 말을 히여.'

그러니까 그놈이 죽는다고 딩굴어. 허허허. 할 수 있는가. 그러거나 말거나 내버려 두지. '수리조합에 말 허든가 말든가 히여. 니가 또 다 파내도 나는 또 히여. 니가 그놈을 다 파내도 나는 또 히여. 그나 이나 배미앗이 허니라고 흙을 파내야 씨게 생겼잉게 얼매든지 히 봐. 내가 인자 더 크게 낼 차리여' 그랬더니 자기가 못 해 보게 생겼던지 가더니 그 논을 나보고 사라고 하더라.

아 그러니까 그 논을 팔려고 했단 말씀이지요?

암. '자네가 이 논을 사소' 그러더라고. 그런데 그전에도 대성이 아버지 인식이가 '이것은 자네가 사야 히여' 그러더라.

'내가 먼 논이 없어서 그런 것을 사겄는가?'

인식이하고 나는 실상은 벗을 할 나이가 아니었어. 그래도 그적에 내가 벗을 했으니까 인식이하고. 나중에 대성이가 그러더라.

'나도 인자 아저씨허고 벗을 히버러야 것소.'

'뭣이라고야? 너 그게 먼 소리냐?'

'아이고 아저씨가 우리 아버지한테 벗을 안 허요, 나이 차이가 열 살도 더 나는디. 그렇게 나도…….'

"그려? 그러면 그렇게 히버러라."

그러면서 말 안 올려주었다. 내가 인식이한테 말 올려준 것은 상흠이 국회의원 나왔을 때 선거운동 다니면서였다. 그런데 인식이가 그 논을 사라고 말을 붙여.

'저 수바우란 놈허고 싸우니라고 내가 죽을 욕을 보고 있는디. 아이놈이 자네도 다 아는 똘을 안 없애버렀는가? 물을 댈라면 그라도 높은 매기(막이)를 쳐야 얼매끔 지나야 포도시 쨀쨀 들어와. 고리 물이 들으가는디, 그런 똘을 없애버렀단 말이여' 하고 버텼지.

그나마 도랑 위 논은 몽리답도 아니다. 그래서 물을 품었어. 그래도 수세는 냈어. 수세란 것이 가을이 끝나고 걷는 것 아니냐. 그런데 물을 품는 놈은 품기 전에 미리 낸다. 그렇게 안 하면 그나마도 못 품게 해. 그럴 것 아니냐. 창안골 저수지 가지고는 아래 몽리답도 모자라. 물이 모자라서 왔다 갔다 하면서 눈에 불을 키거든.

■ **그러면 물을 안 품을 때는 수세를 안 냈어요?**

아니, 내. 그러니까 수세를 다 내. 그래 가지고 품어. 그러면 할 수 없지. 그래도 원표가 술도 받아내라고 해서 술도 받아주고 그랬어.[73] 그래서 나중에 그놈을 몽리답에서 뺐어. 빼기는 박 뭣이냐, 그 사람이 이탠가 물감독을 하더만. 그 사람도 원표 모양으로 키가 커. 농장 일도 하고 그랬는데. 그 사람하고는 나하고 친분이 좀 있었어. 그래서 그 사람한테 뺐어.

'자네 이것이 몽리답인가 아닌가 좀 보소.'

'몽리답 아니네.'

'그려! 그러면 몽리서 빼버리소. 나는 멋도 모리고 시방까지 수세를 안 물었는가. 물도 못 대고 수세를 물어주었어.'

---

73) 그러니까 이것은 아마도 '수세' 담당자가 비공식적으로 받았던 것이 아닌가 추측된다.

'아 그러면 빼버러야제.'

'그러면 이참에 아랫 배미도 같이 좀 빼버리소. 그러면 몽리답은 똘 밑이 있는 것만 남어. 그러면 그놈 핑게 댐서 조께썩 대 먹을라네' 그랬더니 그러면 어떻게 하면 쓰겠냐고 나한테 묻더만. '몽리답이 한 삼백 평이라고만 히주소' 그래서 삼백 평만 수세를 물어주었어. 시방은 어쩐지 모르겠다마는.

그런데 수바우가 수리조합에 갔어. 가서 따지니까, 이것은 그 전 일이다마는, '어찌서 모냐 있던 똘을 없애? 나는 몰랐제만 모냐버터 있었담서?' 그러니까 지가 거짓말 할 수가 있냐. '모냐는 있었는디 인자 폐쇄되야버리고…….'

'헌수씨가 그릏게 힜으면 헌수씨한티 사정헐 일이제 우리는 아무 상관없고 우리는 수세만 받으면 되야' 한단 말이야.

그러니까 그전에도 인식이가 '자네가 벌 논이니까 합쳐서 사소, 사소' 했던 것인데, 수바우하고 싸우고 있는 줄 알고는 또 와서 사라고 그래. 그래서 사겠다고 하면서 흥정해 달라고 했어. 그래서 그 것을 샀어. 가맛재 것도 네 마지기, 구두락 네 마지기 아니냐. 아래 치는 떨어져 나가버리고.

그러니까 맨 처음에 장만한 것이 방죽밑 것, 그 다음에가 뒤 논, 그 다음에 가맛재, 그 다음에 구고개 앞의 것, 그 다음에 당산나무 밑에 것…… 이렇게 마련을 했는데 그런데 다 물 대기가 좀 쉽지를 않아. 그나마 당산나무 밑에 것은 천수답이고. 그래도 그 논은 물이 질겨. 무슨 소린가 하니 물이 잘 안 빠진단 말이야. 그러니까 땅이 좋았어. 가맛재 치도 물 대기가 퍽 어려웠어. 저 위로 올라가서 수통으로 물을 빼서 언덕 밑으로 해서…… 내가 일복을 타고 나서 그런가, 그것도 나 혼자 한 것도 아니고 형환이랑 같이 한 것인데, 그것도 욕을 많이 봤어. 종철이가 그 밭 다랑이 그것을 몽리답으로 만들었

단 말이야.

그것 때문에도 한 번 수리조합으로 쫓아갔지. 그적은 조합장이 은우였어. 은우하고 나하고는 알았거든. 은우가 시방은 죽었다마는 고부 양반하고 동갑이다. 임자생이니까. 왜 그랬는가 하면 가맛재 우리 논 바로 위에 있는 밭을 내가 또 종엽이한테서 안 샀냐? 그런데 종엽이가 지을 때 우리 논 보리태[74]로 용관이, 형환이하고 무실 양반네 논 말가웃 지기가 저쪽에 있어. 현선이네 논도 있고. 그런데 도랑이 저 아래 있는 밑의 배미에나 닿아. 그것을 어떻게 높이 뱅이(물막이)를 쳐가지고 둑을 똑 잘라서 수통 내갖고나 물을 대면 모를까 어떻게 할 수가 없어. 거기다가 물도 없고.

그런데 저수지가 생기고 물이 내려가니까 이제 어떻게든 대 먹을

74) 논 중에서 낮은 둑쪽을 일컫는 말. 높은 둑이 있는 쪽은 '언덕밑'이라고 하였다.

수가 있겠거든. 그래서 이것을 모두 타협해서 종엽이 밭으로 해서 물을 댔어. 그적에 종엽이 밭으로 조그맣게 도랑이 있었어. 아니 원래는 없었는데 만들었지. 그래서 종엽이가 밭을 벌어먹을 적에 형환이, 용관이 무실양반 현선이 그리 해서 모두 한 말씩을 받았어.

그런데 내가 그 밭을 종엽이한테서 안 샀냐. 그러니까 종엽이가 말을 해주더라 그렇게 받아 먹는다고. 그래서 나도 그런 줄만 알고 그것을 받으려고 했지. 그랬더니 한번은 현선이가 '아이 우리는 어찌서 똘세 주고 물세 주고 양질로 물어?' 한단 말이야. 그리로 해서 물을 대는 중에는 현선이 논이 제일 많거든. 그래도 무조건 한 말 냈지 두 말 내지는 않았어. 그런데 종엽이가 받아먹던 것을 내가 받으려고 하니까 이유를 붙인단 말이야.

'그것이사 내가 아는가?' 하고 말은 했지만 그래도 나도 가늠(생각)은 있단 말이야. '땅이 얼매나 된다고 도랑세 주고 물세 내고' 이것 참 두 쪽으로 복잡하거든. 그래도 그 아래 사람들이 물이 없어서 올라오다가 보면 이리 물이 들어가거든. 그러면 그냥 딱 때려 막아. '몽리답도 아닌디, 몽리답도 못 대는 놈으 물을 대?' 그러면 아무리 해도 안 돼.[75] 그러니까 물이 좀 있을 때 조금씩 대는데 도랑세 물어주고 물세 내고 그런단 말이야.

'아이 생각히보쑈' 현선이가 그래. '아이 여그서 뭇이 얼매나 나온다고 똘세주고…… 그것 없애버립시다' 사정을 해쌌네.

대처나 나도 사람인지라 별 수가 없어. '그러겄네. 내가 수리조합으 가서 한 번 물어봐야겄네.'

그리고는 수리조합으로 쫓아 가서 이야기를 했어. 그랬더니 그러더라.

75) 그러니까 이 논에 대한 물세도 공식적인 것이 아니라 물감독이 개인적으로 받았던 것이 아닌가 생각된다.

‘아이고 그놈으 것. 나는 모르제마는 그 논에 물은 대가게 허세. 근디 그 밭배미가 으뜨게 생겼는가? 논으로 칠만 헌가?’

‘아니 그것이 경사가 이렇게 높아서 안 되네. 글고 그 밭이 세 마지기 밭인디 그것을 그대로 내부러 두면 되지마는 고리 물을 대면 밭농사에 해는 되야도 이익은 안 되야. 물선 받응게 그럴 것 아닌가. 그리서 그리 물 댈 때는 종엽이란 사람이 한 말썩을 받었는디, 인자 내가 그 밭을 사서 받을라고 헝게 안 줄란다고 험서 똘세 물어주고 물세 물어주고 그리야 허냐고 헌다고. 긍게 수리조합으서 잘못 헌 일 아니겄는가. 그쪽은 몽리답 아닌가. 긍게 똘세를 수리조합으서 나를 주어야 히여. 그 사람들이 마다고 헝게. 그리야 물세를 받어먹제’ 그러니까 웃더라. 그리고는 ‘아이고’ 그럴 것 없이 논배미를 좀 키워서 벌어먹으라고 그래. 허허허.

그래서 논을 만들었어. 만들었는데 그러자마자 물난리가 나가지고 네 마지기짜리를 안 망쳐 버렸냐. 그래서 ‘에요 이 비러먹을 놈으……’ 거 내 돈 많이 잡아먹은 데다. 거기가. 방천[76]이 나면 도랑을 고쳐도 아래 두렁만 고치지 위는 안 고쳐주어. 그러니까 내버려두어야 하는데 내 성질에 그렇지를 못하거든. 내버려두면 수세 안 내고 자기들이 물어 주어야 해, 인자 생각해 보니까.

그적에 내가 수리조합을 걸어서 고소하려고 했어. 그런데 형님이 그것을 못하게 해. 처음에 저수지를 막았을 때는 도랑이 그리 안 났었다. 그런데 소병천이라고 하는 사람이 국회의원 입후보를 했거든. 그런데 그 사람이 가만 보니까 가맛재를 잘라서 도랑을 내면 그 아래로 물을 대게 생겼단 말이야. 그래서 어떻게 좀 해달라고 경환씨하고 형님한테 말을 했던가 보더라. 그래서 그 두 양반이 들어서 구고개하고 상의를 해가지고 도랑을 내게 되었어.

---

76) 방천(放川). 비가 많이 와서 논둑이 무너지는 것.

그런데 물을 대 먹게 하려면 서당골에서부터 내려오는 물을 댈 수 있게 해야 할 텐데 그렇게는 안 하고 내 논 네 마지기 아래쪽으로 도랑을 내놓고 말았단 말이야. 그것은 말하자면 저수지 물을 대 먹게 한다는 것이지만 내 논은 도랑 위에 있으니까 물을 댈 수가 없어. 그나마도 둑이 이렇게 반달같이 동그랗게 휘어지게 나니까 큰물만 지면 번번이 넘어가. 그러면 논이 패여 나가면서 모폭이 다 따라 나가지. 그래서 '에요 비러먹을 놈으 것 내 살림 없어지거나 말거나' 하면서 밭 안 만들어버렸냐. 그러니까 등거리로 져다가 밭을 만들면서 도랑 둑 메우고 그러니 어쨌겠냐?

큰아버지는 왜 고소를 못하게 하셨어요?

내가 그랬어. '형님이 책임을 지씨요. 내 논을 베려 놨잉게 나 수리조합을 고소히야겄소. 나 농사 안 지어' 그러니까 형님이 걸리게 생겨서 그랬는가 어쨌는가 못하게 하더라고. 그래서 못했는데 시방 가만히 생각해 보면 고소하면 될 것 같아. 수리조합에서 논 망쳐 놨으니까 수리조합에서 농사 짓게 해 주어야 할 것 아니냐. 농사 짓기 편하라고 한 것인데 그렇게 만들어 놨으니까. 처음에 경환씨하고 큰아버지, 소병천이 셋이서 도랑을 냈으니까 그 아래에 논 가진 사람들은 좋았지. 그래서 안산양반 비라도 세워 주어야 하네 어쩌네들 했다. 그런데 형님은 치하를 별로 못 받았다, 왜 그랬는가는 모르지만. 우리 형님이 남 좋은 일 많이 하셨다. 내가 손해를 보았으면 조금이라도 보았지 남 손해나게는 안 하는 양반 아니냐. 원칙으로 말하자면 그런 양반이 빛을 봐야 할 테지만 그렇지를 못했어.

논에 김을 맬 때 호미로 매잖아요.

암, 초벌은 호미로 매지.

아, 초벌만요?

그래, 초벌만 그래.

제가 어려서 본 기억으로는 뒤에 따라 다니면서 모를 추고[77] 다녔잖아요?

암 추고 다니지.

그렇게 막 모를 뒤집어버리면 모가 상하지 않아요?

모르겠다. 시방은 손을 안 대도 수확이 더 나오지만 그적에는 호미 맛을 봐야 나락이 잘 된다고 그랬어.

나락을 잘 뒤집어엎는 사람을 김 잘 맨다고 그랬잖아요?

그랬지. 나락을 뒤집어엎으려면 흙을 뒤집어엎을 때 흙덩어리를 크게 만들어야 한다. 덩어리를 크게 만들면 아무리 해도 나락이 치이지 않냐. 그전에는 모심고 스무 날 만에 초벌을 맸다. 시방은 스무 날이면 나락이 다 크지만 그전에는 비료가 없어서 비틀배틀 겨우 땅맛이나 알게 되지. 그러니까 겨우 뿌리나 내린 것에다가 그 지랄을 하니까 잘못 매면 다 쓰러져버리지. 그러니까 풀 있으면 흙으로 묻어버리고 하지만 또 장난도 치고 그랬다.

그리고 논 주인이 뒤에서 추고 다니면서 아무래도 잔소리를 할 것 아니냐. 그러니까 잔소리 못하게 하려고도 그랬어. 마구 갖다가 엎어놓으면 모 추느라고 따라가면서 잔소리를 할 수가 있어야지. 정 잔소리 하려면 쓰러진 것 내버려 두고 따라가면서 해야 하는데 그렇게 하겠냐. 그래도 모를 잘 매는 사람은 그런 장난을 치면서도 풀 같은 것을 땅에다 묻어버리거든. 그러니까 그 맛으로…….

---

77) 김 매는 사람을 뒤따라 다니면서 쓰러진 모를 세우는 것.

■ 김매는 것도 지방마다 조금씩 달랐다면서요?

응. 영광은 손으로 맸다. 그러니까 초벌 맬 적에도 논에서 무릎을 꿇어. 호미로 맬 때는 무릎을 꿇고 못하거든. 엉거주춤 쭈구리고 앉아서 막 호미로 뒤집어 엎지. 마른 논은 호미로 맬 때도 무릎을 꿇었다마는 바탕이 줄지 않아. 그러니까 그렇게 하는 것은 이물량으로 하는 것이지 무릎 꿇고 어디가…….

■ 손으로 매는 것이 호미로 매는 것보다는 느리지 않아요?

아니, 같아. 손으로 매도 호미로 매 듯 매. 흙을 그냥 손으로 확 퍼서 뒤집어 버리지. 아, 물 속에 있는 흙은 물렁물렁하지 않냐.

■ 그래도 호미만 하겠어요?

아니 오히려 바탕 줄이기는 손으로 매는 놈이 나아. 왜 그러냐 하면 손으로 휙 한 번 감아 돌리면 모도 조금씩 다치지마는 풀이 안 다 뽑아지냐. 돌아서면 다시 또 풀이 짙을망정. 그러니까 손을 꼿꼿하게 세워서 깊이 파서 확 엎어버리면 풀도 없어지면서 나락도 조금씩 치지만 바탕이 훨씬 굴어. 손으로 매는 놈은 무릎을 꿇고 매어야 그나마라도 매지 무릎 안 꿇고 엎드려서 손으로는 못 매. 궁둥이가 훨씬 높아지지 않냐. 그래서 못 해. 그래서 무릎을 꿇어. 그러니까 아랫도리가 다 그냥…… 물잠방이[78]라고 입었어도 그까짓 것 뭣 상관있어야지.

■ 옛날에는 김을 네 번 맸지요?

세 번을 매지. 그러고 네 번째는 글호미질이라고 있어.

---

78) 물 속에서 입는 잠방이.

▩ 글호미질요?

글호미질. 그러니까 그게 땅을 살살 긁어준다고 해서 그런 말이 생긴 것 같아. 세벌을 매고도 나락은 비틀배틀 해도 풀이 우거지면 호미 갖고 다니면서 살짝살짝 흙을 조금씩 떠서 막 덮지. 그것을 글호미라고 해.

▩ 그러니까 글호미는 정식으로 매는 것이 아니라 약식인 셈이네요?

암, 과외 것이지. 그러고 두벌은 손으로 매지. 엄지손가락을 검지 안쪽으로 구부려가지고는 흙을 이렇게 앞으로 잡아 당겨 판다. 그런데 파가지고는 이렇게 밖으로 훑어 긁으니까 긁어내기도 힘들어.

▩ 그러면 두벌 때는 흙을 뒤집는 것은 아닌가요?

뒤집는 사람도 있어. 그래도 손을 이렇게 가로로도 하고 세로로도 하고 그러지. 그래야 풀을 다 뽑을 것 아니냐? 그러니까 풀이 있으면 흙조차 뭣조차 뽑아서 손으로 막 휘감아서 땅에다 쑤셔 박으니까 뒤집기도 하지.

▩ 세 번째는요?

세 번째도 손으로 매. 그리고 네 번째로 글호미질을 해. 그것을 '만두레'라고도 했다.

▩ 만두레를 하면서는 동네에서 한판 놀잖아요? 굿도 치고…….

그렇지. 그것을 풍장이라고 한다. 세벌 맬 적까지는 동네에서 돈을 쓸 일이 있어도 어떻게 할 수가 없어. 돈도 돈이고 농사짓느라고 바쁘고. 그러면 만두레를 할 때 울력으로 하는데, 너나 없이 한 집에 일꾼이 둘이면 둘, 셋이면 셋 있는 대로 총동원을 해. 그때는 바쁜 때가 지나거든. 그래서 '오월 농부, 유월 신선'이라는 말도 안 있냐. 그래 가지고 아무 논이나 들어가서 막 매. 맨다는 사람 논도 매지만 안 맨다는 사람 논도 다 매. 그것은 실상 맨다고 해 보았자 그냥 지나가지, 무슨 논을 매냐. 돈만 물어내지. 그렇게 강제로 하면서 굿도 치고 그랬어. 그 돈으로 동네에서 돈 쓸 일이 있으면 쓰고.

■ 그래도 그것 할 때는 쇠잡이도 다른 동네에서 빌려오고 그러잖아요?

그렇지. 그런데 상골은 굿 잘 치는 사람이 없었다. 풍장굿은, 그것을 풍장굿이라고 했는데, 건성으로 두들겨서는 안 돼. 들판에서 치고 놀 적에는 술 퍼마시고 춤추고 그러거든. 농민이 그렇게 사는 것이다. 그러니까 농민은 모 심기 시작해야 농민 말 듣고. 참 좋지, 그 적에는. 농사 때는 들판에 돈이 흥청망청 했어.

■ 실제로 손에 쥐는 것이 있었어요?

아니. 허허 그것은 아니지만. 그래도 돈도 있어. 나도 부안으로 모품 팔러 삼 년을 다녔다.

■ 해방 후에요?

아니, 왜정 때지.

■ 그러면 그때 지주가 일본인이었어요?

아니, 한국사람 논. 저 신기협이라고 그 사람이 농사를 스물한 섬지기를 지었어. 한 섬지기가 스무 마지기다. 그러니까 온 들판이 다 그 사람 논이지. 그러니 그때가 되면 고창이라든지 영광서도 오고,

모품 팔러 오는 사람이 부안으로 김제로 굉장히 와. 그 사람들 잡어다가 일시키고 삯만 주면 되니까.

■ 그러면 그때 품삯은 얼마나 되었어요?

모 심을 적에는 대개 50전.

■ 잘 심는 사람들한테 그렇게 주었어요?

잘 심는 사람이 아니라 장정은 70전 주었는데, 그적에 나는 가기는 갔어도 장정이 아니라 아직 어려서 50전만 받었지. 그런데 나는 신기협이 눈에 들어서 그 사람이 나한테는 잘 해주었다. 나는 어디 가든지 남한테 눈 밖에 나는 짓거리는 안 했어. 열심히 하면 자기들도 사람이니까.

신기협이가 소를 으레 세 마리를 키웠어. 그런데 농사 때 한참 모 심고 할 적에는 일꾼이 많이 드리 밀리거든. 그렇다고 그런 사람들이 겨울에 고지는 안 주냐? 수십 명씩 주거든. 그러니까 고지꾼 덤벼들고 하면 일꾼이 하루 70명도 되고 80명도 되고 그래. 그러면 소 세 마리 가지고 어떻게 할 수가 있냐. 소들이 다 힘이 겨워 나자빠져 있지. 그러니까 변산이나 부안 같은 다른 데에서 품 팔러 오는 소가 있어. 그 소를 끌어다가 써레질도 하고 쟁기질도 하고 그래.

소를 가지고 쟁기질을 하다가 겨워 나자빠지면 술을 먹여. 소한테 막걸리를 한 병반쯤 먹여. 그리고 뱀도 나오면 잡아서 좋은 풀로 잘 싸. 그래 가지고는 코뚜레를 잡고 입을 벌리면 저 목구멍까지 보이거든. 그러면 그 안에다 밀어 넣어. 그러면 소가 그것을 뱉어내려고 하다가 안 나오면 그냥 오독오독 씹어 먹어. 깊이 넣어주어야 해. 안 그러면 뱉어내버려.

■ 소 부리는 사람들이 자기들 밥을 소한테 주고 그러기도 했다면서요?

암, 그러기도 했지. 하오산 사는 영희라고 그 사람이 그러는 것을 나도 봤다. 그러면 주인이 밥을 또 갖다 주어야 해. 말이 있다. '배부르게 먹고 하는 일은 쟁기질 밖에 없다'고. 다른 일은 배부르면 허리가 안 구부려져서 못 허는디, 그리도 쟁기질은 서서 하니까. 쟁기질을 하면 배가 잘 꺼져. 그러니 소는 오죽 하겠니. 사람은 잡고 따라 다니기만 하지만 소는 땅을 파 일으키면서 가는데. 그러니까 잘 먹여야지.

■ 어떤 책을 보면 족을 고와서 소에게 먹인다는 말이 있거든요?

아 그럴런지도 모르지. 나도 말만 들었다마는 황새 같은 것 잡아서 고아서 먹이기도 했다고 하더라. 뼈는 다 추려서 내버리고는 고기까지 다 먹여.

■ 옛날 씨앗 송아지라는 것이 있었잖아요?

그렇지. 그것은 소를 이십사 삭 그러니까 2년 아니냐. 2년을 먹이면 송아지 한 마리를 주는 것이지.

■ 그것 말고 남의 소 가져다가 부리는 것도 있잖아요?

암, 그것은 다 큰 소를 갖다가 부리지. 그것을 멧소라고 그러는데, 멧소를 부리려면 매해 선자를 주고 그러지. 일 년에 두 섬짜리도 있고.

■ 그러니까 두 섬을 소 주인한테 주고 농사철에 부린단 말씀이지요?

암. 그러고 또 일철이 지나면 갖다 주어. 그러니까 인촌 사는 정기원이라고 운태 외가 쪽 사람인데 그 사람 집에는 소 코뚜레가 한 짐이라고 그랬어. 그렇게 부자였어.

■ **그러면 그 소들을 다 멧소 주고 그랬단 말씀이지요?**

그렇지.

■ **쟁기질을 하면 땅을 뒤집어 엎잖아요?**

그렇지.

■ **그런데 뒤집어 엎지 않고 고랑만 파는 쟁기도 있다고 하던데요.**

있지. 그것을 극쟁기라고 하는 것이다. 쟁기 보습은 한쪽으로 삐다닥하게 안 있냐. 그런데 극쟁기는 그냥 똑바로 있어. 볕도 없고. 그러니까 쟁기가 지나가면 흙이 양쪽으로 갈라지면서 도랑이 생길 것 아니냐. 북선에서는 그것을 많이 쓰더만. 그런 쟁기는 성애가 길

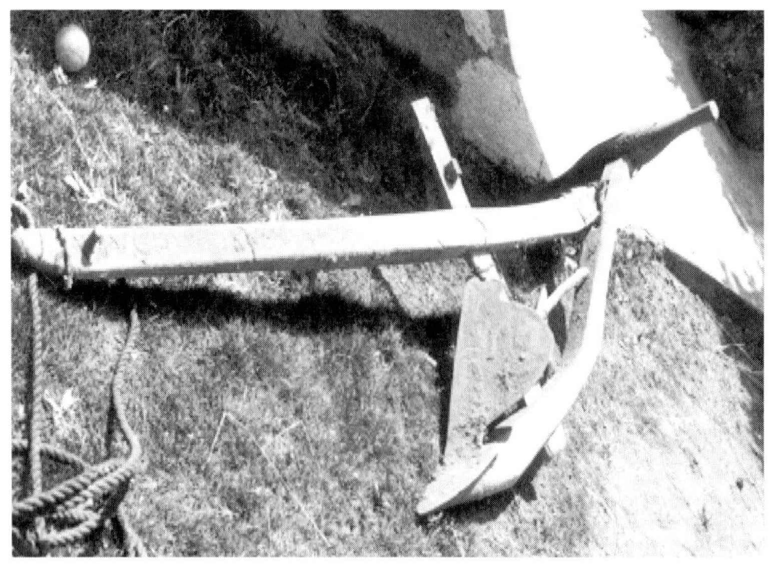

게 생겼지. 용산동도 닥밭에서는 다 극쟁기를 썼어. 그런데 북선 쟁기는 보습이 굉장히 크더만. 그래 가지고는 으레 소를 두 마리씩 치어가지고 갈아. 그러니까 땅이 욱신욱신 울리거든.

쟁기도 술립 성애…… 다 이름이 있다. 함말, 귀창나무, 볕…… 이제는 이름도 다 잊어버렸다.[79)]

---

79) 쟁기의 각 부문 이름인데, 표준어와 다른 것도 있어서 쉽게 알기가 어렵다.

돌이켜 보면

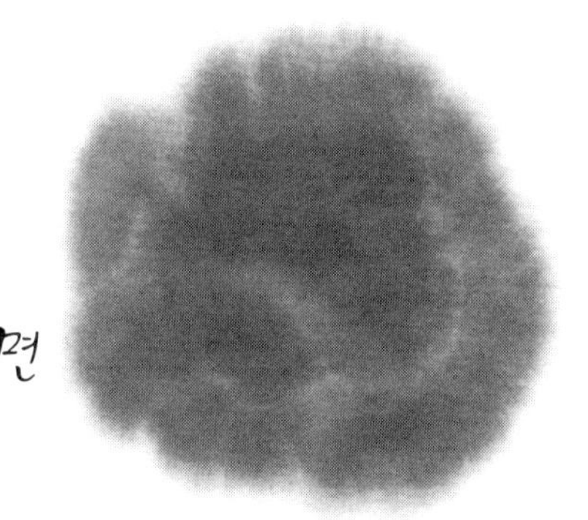

옛날 이야기가 대충 끝나고 나서 나는 마지막으로 몇 가지 질문을 더 던졌다.

■ 아버지 지금까지 세상 사시면서 제일 즐거우셨던 때가 언제였어요?

좋았던 때는 없었다.

■ 결혼하셨을 때?

결혼할 때야 그까짓 것 뭐…….

■ 첫아들 낳았을 때?

첫아들도 안 죽었냐.

■ 어떻든지요?

…….

■ 아니면 첫 며느리 봤을 때

…….

■ 아니 아버지가 좋으셨을 때가 있었을 것 아녜요?

에, 그런대로 내 생전에 좋을 때는 너희 어머니 살았을 때지. 어떻든지. 너희 어머니 살았을 때 나보고 농사 많이 짓는다고 하면서 그래서 다 뭐 할려고 그러냐고 막 그랬다. 그러니까 자기가 복잡하니까 그랬지. 지금 생각해 보면 후회가 많이 돼. 그때 내가 농사를 좀 줄였으면 너희 어머니가 오래 살았을까? 그렇지도 않았을 거야. 네 외가 식구들이 다 별로 오래 살지를 못했지 않냐. 그리고 농사를 좀 줄였으면 너희들 학교를 못 보냈을 것 아니냐.

길남이가 우리집에서 머슴 살 적에, 길남이도 우리집서 3년을 밥 먹었다. 농사짓는 것이 보통이 아니다 거. 밥 삶아내서 들판으로 내가고……. 다 놉 얻어서 하지만 그적이 오히려 좋았지. 내가 최고로 서른 세 마지기까지 지어보았다만 그래도 다 내 논만 지었지 남의 논 안 지었어. 아니 동규 논 한 해 지었다. 머슴도 안 들이고. 그때는 한창 때였어. 세상 무서운 일이 없었다.

■ 가장 슬프셨던 일은요?

네 어머니 죽은 것이지. 죽기 전에도, 전북대학 병원이 시방은 저리 이사 갔다마는 그전에는 서학동엔가 있었는데, 거기서도 내가 눈물 깨나 흘렸다. 아무리 해도 낫지도 않아. 아픈 데가 다 없어지고 나으려니 했는데 안 나아. 시방도 이렇게 좋은 세상, 너희 어머니만 살았어도……. 그나저나 복은 없는 이여. 너희 어머니가 복은 없는 이여. 생기기는 나보담 훨씬 낫제, 어디로 보던지. 그러니까 어디 다니면서 점을 쳐보면 '당신은 내 덕에 산다'고 그러더란다.

그러니까 아버지께서 어머니 덕으로 사신다고?

응. 복이 많다 그것이여 허허허. 그러면 나는 '당신 복이 많은 것도 내 복이제' 그랬다. 내가 시방 아무 근심이 없다. 혼자 가만 누워서 생각해 보면 무슨 근심이 있겠냐. 그런데 너희 어머니가 이렇게 좋은 세상을 못 살고……. 그리고 사실 나도 외로워. 별 이야기라도 내외간에는 하고 그러는 것이다. 부모 자식간에는 절대 이야기 못 하는 것도 내외간에는 다 해.

그렇지만 어머니 살아 계실 때 그렇게 다정스럽게 이야기 하고 그러지도 않으셨잖아요?

그래도 내가 생전 싸움 한 번 안 했으니까.

싸움이야 어머니가 아버지 무서워서 싸움을 못하신 것 아닌가요?

어떻든 싸운 적 없다. 네 어머니한테 다정스런 말은 안 했어도 나 네 어머니 퍽 아꼈다.[80)]

제일 자랑스러운 일은요?

그것이야……. 내가 뭐 자랑할 만한 것이 있냐? 그래도 너희들이 남의 손가락질 안 받고 살게 가르친 일이 자랑스럽지. 남들이 다들 부러워해, 그것을.

---

80) 아버지가 어머니를 깊이 사랑했다는 것은 나도 인정한다. 아버지와 어머니는 이른바 부부간의 대화가 많았다. 내가 어렸을 때 본 기억 하나. 밤이 긴 겨울 잠이 깨면 나는 아버지의 시조창 소리나 어머니와 이야기를 나누는 것을 들을 수 있었다.

그리고 또 하나의 기억. 어머니가 위궤양 수술을 받으신 날 나는 어머니가 수술실에 들어가는 것을 보고 학교에 갔다. 오후에 수업이 끝나 병원에 왔더니 아버지가 어머니 곁에서 어머니 손을 잡고 계셨다. 그때 아버지의 표정은 놀라운 것이었다. 그때 어머니는 막 마취에서 회복되어 통증을 호소하고 있었는데 아버지의 얼굴은 어머니의 신음 소리에 비례하여 신음이 크면 많이, 약간이라도 작아지면 그만큼 더 작게 변하는 것이었다. 평소에는 겉으로 드러나지 않았지만 아버지는 어머니를 깊이 사랑했던 것이다.

그러면 살아오시면서 하신 일 중에 제일 마음에 걸리는 일은요?

음……. 장리 놓아 이자 받아먹은 것이 제일 걸린다. 장리라는 것이 무서운 것이다. 나락 한 섬을 봄에 가져가도 가을이면 두 섬, 여름에 가져가도 두 섬. 그러니까 곱빼기니까 얼마나 무섭냐. 그것을 꼬박꼬박 받았으니. 네 어머니가 일찍 죽은 것도 죄 받아서 그런지도 몰라. 그런 생각 많이 들었어.

아버지는 옛날에 장리 안 물어주어 보셨어요?

왜 안 물어주어. 많이 물어주었지. 그때 어느 누구도 나 불쌍하다고 한 사람 없었다. 그때 세상에는 다 장리였으니까. 옛날에 부자들은 두 가지로 재산을 불렸어. 하나는 장리. 그리고 흉년에 땅 싸게 사는 것. 농사만 지어가지고 천석꾼, 만석꾼은 어림도 없어. 아니 백석군도 어려워. 생각해 봐라, 우선 먹을 것도 없는데 언제 재산을 불리겠냐.

그런데도 마음에 걸려요?

사람이란 것이 양심이 있는 것이다. 그적에는 다 그랬고 또 나도 살려니까 그랬지만 생각해 봐라. 아 6월이나 7월에 나락 한 섬 가져다 먹고는 9월에 두 섬을 가져간다는 것이…… 죄로 갈 짓이 아니냐. 그런데 나도 그때는 모질게 받았어. 누구든 내 돈 못 떼어 먹었다.

옛날에 노름도 좀 하셨지요?

너도 참…… 그래 했다. 왜 했는가 하니 방법이 없어. 돈을 좀 벌었으면 쓰겠는데 뾰족한 방법이 없단 말이야. 그래서 노름을 했지. 하루 저녁에 나락 쉰 두 섬까지 잃어 보았다.

■ 그래서 어떻게 하셨어요?

앞이 캄캄하지. 밤새 뒤가 붙지를 않아. 그때 생각으로는 날만 새면 만주로 도망을 칠 작정이었어.

■ 그때가 결혼하기 전이었나요?

아니 결혼한 뒤에…….

■ 그러면 어머니는 어떻게 하실 작정이었어요?

그때는 그런 것은 생각도 안 나. 그러다가 새벽이 되니까 붙기 시작해서 그 자리에서 다 갚았다. 그리고는 다시는 노름 안 했다.

■ 아니, 저도 아버지가 노름 하시던 것을 기억하는데요?

그것은 노름이 아니다. 장난이지. 그래서 동네 여자들이 '부연양반 있는 자리는 맘 놓는다'고 했다. 내가 있으면 큰 노름판이 안 벌어진다 이것이지. 상골 사람들도 노름 좀 했거든. 한창 노름을 할 때는 어머니가 '너 죽고, 나 죽자'고 말렸다. 어머니가 부탁했을 테지만 경환씨가 와서 끌어가기도 하고.

이야기를 끝내며

아버지 장례가 다 끝나고 우리 6남매가 모인 자리에서 내가 아버지한테서 당신께서 살아오신 이야기를 구술받았는데 다시 그것을 글로 다 옮겨 놓은 것이 있다고 하면서 보내주겠다고 하였다. 앞에서 이미 말한 바 있듯이 나는 이것을 시간 때우기 용으로 한 작업이었다. 그렇기 때문에 대수롭지 않게 생각을 하였고, 보내준다고 한 것도 심심풀이로 한번 읽어보라고 한 것이었다.

우리 남매들이 아버지가 살아온 이야기를 읽은 뒤 보여준 반응은 내가 생각지도 못한 것이었다. "아버지가 자식 하나 잘 가르쳐서 이런 이야기가 남는구나" 하고 말하는 누님부터 '당신의 맨살을 만지는 것 같은 기분을 느낀다'는 동생의 반응에 이르기까지, 애초에는 분명 대수롭지 않게 생각한 일이었는데 마치 엄청난 일을 한 것 같은 착각을 느끼기까지 하였다. 그때부터 우리 6남매는 그전과는 비교할 수 없는 친밀감을 느끼고 수시로 서로의 소식을 전하며 지낸다. 아마도 이것이 아버지가 우리에게 남겨주신 마지막 선물이 아닌가 생각된다. 그리하여 나는 이것을 책으로 내야 한다는 의무감을 가지게 되었다. 그리하여 형님은 더운 날씨에도 사진을 찍으러 돌아다니는 수고를 아끼지 않았다. 이런 점에서 이 책은 우리 형제 남매의 공동작이라 할 것이다.

아버지의 삶의 기록을 다시 듣고, 읽고, 정리하면서 나는 마치 아버지가 다시 내 앞에서 이야기를 하시는 것 같은 기분을 느꼈다. 그리고 60년대 이후의 이야기가 없는 것이 너무나도 아쉬웠다. 그때 생각으로는 이때부터는 내가 다 기억할 수 있다고 생각했던 것인데 막상 정리를 하려 하였더니 뜻대로 잘 안 되는 것이었다. 다음에 나오는 것은 아쉽지만 내가 들은 것과 내 기억 속에 있는 것을 간단히 정리해 놓은 아버지의 몇 가지 모습이다.

이 일을 하면서 나는 돌아가신 어머니가 새삼스럽게 그리워졌다. 살아계셨으면 아버지 이야기는 물론 당신 이야기도 겸하여 정리할 수 있었는데 하는 생각에서였다. 그러나 어쩌랴, 이미 돌아가셨는데. 그저 어머니의 명복을 빌 뿐이다.

뱀의 발(蛇足)을 그리다

원래 없는 뱀의 발을 그리는 것은 따놓은 술이나 빼앗기는 어리석은 짓이다. 그럼에도 불구하고 나는 그것을 그린다. 역시 벌어놓은 술이나 빼앗기지 않을까 하는 걱정을 하면서.

60년대 이후는 국가적으로는 경제 개발의 시기였지만 이 시기 우리집은 옛날의 우리집이 아니었다. 이미 옛날의 그 무서운 가난에서 벗어난 것이다. 내 기억을 아무리 거슬러 올라가도 우리집은 이미 스무 마지기가 넘는 논을 가진, 우리 고향 마을에서 제일 가는 부자였다. 물론 부자라고 해야 시골 구석의 부자가 얼마나 큰 부자였을까 마는. 가을 양식이 떨어지는 봄이면 고지 하나 달라고 오는 사람들이 매년 있었다. 또 항상 머슴이 있었다. 나는 지금도 아버지가 머슴과 겸상을 하여 식사를 하던 모습을 기억한다. 아버지의 밥그릇에 비하여 머슴의 밥은 고봉으로 올라 있었다. 어린 나는 고봉

밥을 무너뜨리거나 바닥에 흘리지 않고 싹싹 비우던 기술(?)에 감탄도 하였다. 그때는 그런 생각을 못하였지만 지금 생각해 보면 같이 농삿일을 하는데 왜 아버지는 머슴에 비하여 밥을 훨씬 조금밖에 들지 않았는지, 그러고도 그 힘든 일을 어떻게 해냈는가 하는 의문이 들기도 한다.

경제 개발이 본격화하면서 시골에서는 농사를 짓기가 더 힘들어졌다. 그러니까 경제 발전이 이루어지자 농촌 인구가 급속도로 도시에 집중되면서 시골에서는 일손부족이 심각해진 것이다. 아버지는 가끔 탄식하셨다. "옛날에 내가 삯 팔아먹을 때는 하루 죽게 일해야 식구 하루 먹고 살기도 바빴는데, 이제 내가 사람을 좀 사서 부리게 되니까 무슨 놈의 품삯이 그렇게 비싼지 모르겠다. 당최 일꾼을 살 수가 없어", "시골에서 제 힘으로 농사짓는 사람은 다 부자되었다. 상골에서도 전에 몸뚱이 하나밖에 없던 것들이 다 큰 부자되어버리지 않았냐. 거기에 비하면 우리집은 쪼그라든 폭이지", "요새는 일할 힘만 있으면 부자되기 참 쉽다. 가난하다고 나라에서 돈 주지, 품삯 비싸지, 요새 같은 세상에 부자 못 되는 놈은 바보다."

그러나 아버지가 그리던(?) 싼 노동력이 풍부한 시절은 다시 오지 않았다. 아버지의 탄식은 이것만이 아니었다. "아 이놈의 세금 제도가 왜 이렇게 이상한지 몰라. '누진세'라냐 뭐라냐, 아니 내가 없어서 죽을 지경일 때는 그런 것이 없었어. 무엇이든 부자 좋게 돌아갔다. 장리를 받아도 세금이 있을까. 부자라고 세금을 더 거두어? 없었어, 그런 법은. 그런데 이제는 모든 것이 가난한 사람들만 위하네. 내가 죽겠을 때는 아무도 안 도와주더니."

시골 생활을 해 본 사람은 금방 이해할 수 있지만 농사를 지으려면 남정네들의 힘만으로는 안 된다. 남성 노동력의 틈을 메꾸어 줄 수 있는 여성 노동력이 절대적으로 필요한 것이다. 그런데 어머니의 건강이 문제였다. 정확히 기억하지는 못하지만 어머니는 40살이 넘어서부터는 속이 쓰리다고 하면서 소화제나 위장약을 달고 살았다. 견디다 못하여 서울에 와서 큰 병원에서 진찰을 했는데 놀랍게도 암일 가능성이 높다는 결과가 나왔다. 나는 지금도 그날 저녁 눈이 퉁퉁 붓게 울던 누님의 모습이 눈에 선하다. 수술을 하고 조직검사를 한 결과는 다행히 암이 아니고 위궤양이었다. 나는 전혀 모르고 있었지만 이 무렵부터 어머니는 아버지에게 농사를 짓지 말던지 하다 못하면 줄이자고 말씀하셨다. 그러나 자식들 가르치는 데 한창 돈이 들어가는 때였던지라 아버지는 어머니의 그 요구를 들어주지 못하였다.

80년대에 들어서면서 어머니가 암에 걸렸다. 어머니의 암은 우리에게 청천벽력과 같았다. 위궤양 수술을 받으신 지 몇 년 지나지 않아서 다시 속이 쓰리다는 말씀을 하시더니 마침내 암이라는 진단이 나온 것이다. 그때 당신이 낳은 6남매 중에서 셋은 아직 결혼도 못한 때였다. 어머니의 암은 매우 느리게 진행되었다. 우리는 혹시 오진이 아닌가 하는 기대도 하였다. 그러나 안타깝게도 그것은 오진이 아니었으며, 어머니의 건강은 점차 나빠졌다. 이제 어머니가 더 이상 일을 할 수 없게 되었다. 아니 하면 안 되게 된 것이다. 또 아버지도 연세가 많아서 더 이상 농사를 짓기가 어려웠다.

우리는 농사를 짓지 않기로 결정을 하였다. 그리하여 상골 집은 처분을 하고, 아버지 어머니는 분가했던 형님이 모시고 아버지가 피땀으로 마련한 농토는 다른 사람에게 빌려주었다. 그런데 그 땅값이 다시 아버지를 마음 아프게 하였다. 옛날 반 나누어 먹기로 남의 땅에 소작 농사를 지었던 아버지에게는 말도 안 되는 것이었다. 게다가 농사 기술의 발달, 비료, 농약 등으로 옛날에는 '마지기당 석 섬만 먹으면 잘 먹었다고 난리가 났는데, 지금은 그것 가지고는 농사라고도 못 할 정도로 소출이 많아졌는데' 겨우 한 섬밖에 받지 못하고 남에게 땅을 빌려주어야 하는 현실을 아버지는 도저히 인정하고 받아들일 수가 없었던 것이다. 그러면서도 아버지는 선뜻 그 땅을 팔려고 하지 않았다. 어떻게 마련한 땅인가! 아버지는 땅을 당신 손으로 없애고 싶지 않았던 것이리라.

60년대 이후는 경제 개발이 시작되었다는 국가적인 의미와 달리 아버지에게 있어서는 자식 교육의 짐을 지던 시기이다. 아버지는 학교라고는 울력을 나가거나, 내가 대학 졸업할 때 말고는 가본 적이 없다. 6남매를 학교에 보내면서도 아버지는 학교에는 가지 않았다. 그렇기 때문에 평생 당신이 배우지 못한 데 대한 콤플렉스가 있었다. 당신이 학교만 조금이라도 다녔으면 뭔가를 해도 했을 것이라는 말도 여러 번 들었다. 내가 결혼을 할 때도 그랬다. 결혼 전에 장인이 아버지와 한번 만나자고 하였다. 처음 그 말을 꺼냈을 때 아버지는 당연하다는 듯이 그러자고 하였으나 이런 저런 이야기 끝에 장인이 대학을 나왔다는 말을 듣더니 만나지 않으려고 하였다. '내가 뭘 알아야 말을 나누지, 만나서 무슨 말을 하겠냐?'는 것이었다. 만나고 난 뒤에도 아버지는 말씀하셨다. "체구도 크고 배움도 많은 사람하고 말을 하려니까 기가 죽더라."

그래서인지 아버지는 일찍부터 당신 자식들 교육에 눈을 떴다. 아버지는 일찍이 '딸은 중학교까지, 아들은 고등학교까지' 가르치려고 마음먹었다고 하였다. 그런가 하면 자식을 대학까지 보낼 생각은 못하였다고 하였다. 아버지 생각에 대학은 아무나 가는 데가 아니었다. 그러나 세상 일이 항상 마음먹은 대로 되는 것인가. 아버지의 뜻대로 안 되어 우리 남매는 농사꾼의 자식 치고는 고학력자가 된 것이다.

아버지는 우리의 교육을 위하여 크게 두 가지 마련을 하였다. 하나는 작은아버지에게 투자하는 것이었다. 내가 중학교에 들어가던 해에 작은아버지는 전 재산을 털어 서울에 가서 사업을 하였다. 이때 아버지도 상당한 투자를 하였다. 아버지는 작은아버지 사업에 투자를 하면서 이것으로 최소한 장남의 교육은 시킬 수 있을 것으로 생각하였다. 그런데 그게 아버지의 뜻대로 되지 않았다. 전 재산을 털어 넣은 작은아버지의 서울 사업이 망해버리자 아버지도 투자한 것을 다 날려버린 것이다.

사업에 문외한인 내가 보아도 작은아버지는 사업을 할 분이 아니었다. 작은아버지는 그저 착하기만 하고 영악하지 못하여 손해를 감수하고, 고지식하여 임기응변이라고는 전혀 하지 못하는 분이었다. 그래서인지 아버지도 작은아버지가 돈을 못 벌 것이라는 생각을 어느 정도는 하신 것 같았다. 언젠가 내가 '작은아버지가 사업을 하여 돈을 벌 수 있을 것으로 생각하였는지'를 물어본 적이 있다. 이에 대하여 아버지는 말씀하셨다. "큰돈이야 못 벌겠지만 평생 농사만 지은 나보다야 아무리 해도 낫지 않겠냐 했던 것이지. 나는 다른 방법이 없었어. 내가 배움이 있어서 서울에 가서 사업을 하겠냐? 그렇게까지 허망하게 실패할 것이라고는 생각을 안 했지."

나는 그때 차라리 서울에다가 집이라도 한 채 사 놓았으면 더 좋지 않았을까 하는 질문도 했다. 사실 그때 작은아버지한테 투자한 돈으로 서울에다가 집 한 채 정도는 살 수 있었다. 그러나 당시 아버지는 부동산 투자 같은 것은 생각도 못하였다. 그럴 여유가 있으면 분명 농사지을 땅을 더 샀을 것이다. 아버지는 서울의 집값이 비싼 것에 대하여 아무리 서울이지만 집값이 그렇게 비싼 것은 잘못된 것이라고 생각하였다. 뿐만 아니라 집 사서 세놓고 아무 것도 안 하면서 돈을 받는다는 것은 말도 안 된다고 생각한 것이다. 아버지는 "아무 것도 안 하면서 돈을 받는다는 것이 장리하고 똑같은 것 아니냐" 하고 말씀하였다. 평생 손수 농사만 지은 분으로서는 당연한 사고방식이라고 생각한다.

다른 한 가지 방법은 소에 투자하는 것이었다. 아버지는 소를 기르는 데에 정말이지 온갖 정성을 다하였다. 매일 어디에서 베어 오는지는 몰랐지만 잘 자란 띠를 한 짐씩 해다가 먹였다. 잘 자란 띠는 소가 좋아하는 먹이였다. 소가 그것을 먹을 때는 향기로운 냄새가 났다. 아버지는 그 옆에서 한참씩이나 소를 쓰다듬고는 하였다. 이것 말고도 수시로 톱니가 달린 긁개로 소의 온몸을 긁어서 진드기 같은 기생충을 잡아주었다. 여름에는 사람에게는 모깃불을 놓아주지 않아도 소 앞에는 불을 피워 모기를 쫓아 주었다. 나도 방학 때 집에 가서 외양간 앞에 모깃불을 놓아주기도 하였다.

아버지는 그렇게 애지중지하던 소에 받친 일도 있다. 풀이 있는 철에 농촌에서는 일을 부릴 때 말고는 낮 동안 소를 풀밭에 매어 둔다. 소는 고삐가 닿는 범위 내에서 풀을 뜯어 먹는다. 주인은 손이 있으면 낮 동안 한두 번 장소를 옮겨주기도 한다. 그러다가 해가 지면 집으로 끌어오는 것이다. 그날도 아버지는 다른 날과 마찬가지로 소를 매러 끌고 나갔다.

"그날은 아침부터 소가 이상했어. 아, 이놈의 소가 아침부터 투레질을 하고 말을 안 듣더라고. 아침을 먹고 굴재 밑에다 매두려고 끌고 가는데, 우리 밭 가는 길에 도랑을 안 건너냐. 그 도랑을 건너서는 갑자기 확 덤벼들어서 나를 그냥 그대로 받아버리네. 그리고는 계속 덤벼. 마침 옆에 보리 벼눌이 있어서 그쪽으로 피했는데 계속 달려들어. '아이고, 이러다가는 죽겠구나' 하는 생각이 들더라. 얼른 도랑으로 들어가 납짝 엎드렸어. 그랬더니 도랑둑을 몇 번 들이받더라. 그리고는 막 가버리네. 거기에 한참이나 있다가 간신히 나왔어. 소를 잡을 생각도 못하고 기다시피 해서 집에 왔다. 소는 나중에

다른 사람 시켜서 붙잡아 오고. 그 일로 내가 한동안 고생을 했어. 지네도 많이 고아 먹었다. 네 어머니가 닭에다가 지네를 넣어서 푹 고아주었어. 여러 마리를 먹었다. 그랬어도 일을 할 때 어떤 때는 지게를 지고 일어나려고 하면 숨이 턱 막혀. 그리고 날씨가 안 좋으면 받친 자리가 얼얼하고 안 좋아."

그러나 아버지는 그 소를 바로 처분하지 않았다. 차마 팔 수가 없었다는 것이다. 그 뒤로도 한참이나 그 소를 길렀다. 그만큼 아버지는 소를 사랑한 것이다. 어머니한테서 들은 이야기 한 토막이 있다. 아버지가 하도 소를 애지중지 해서 '소와 이야기라도 하시오?' 했더니 아버지는 그렇다고 대답을 하시더란다. 이야기 끝에 어머니는 말하였다. "네 아버지 소 정말 잘 키운다. 우리 소는 항상 잘 커. 기름이 자르르 흘러. 남한테 준 소를 받아오면 항상 '소를 빌어먹게 키웠다'고 욕을 했다. 당신 눈에 안 차던 것이지."

요즈음이야 다 기계로 농사를 짓지만 옛날에는 소가 무엇보다도 큰 노동력이었다. 아버지는 요즘 소는 '팔자가 좋다'는 농담을 하기도 하였다. 그러나 아버지를 포함한 시골 사람들에게 있어서 소는 단순한 노동력 이상의 의미가 있었다. 소는 시골 사람들에게 있어서 가장 확실한 투자 대상이었다. 아버지도 당신이 농사짓는 데 필요한 이상으로 소를 여러 마리 마련하여 주위 사람들에게 멧소로 빌려주었다. 그리고 내 등록금을 낼 때가 오면 한 마리씩 팔았다. 그러니까 소를 사두는 것은 환금성이 용이한 일종의 저축이었던 것이다. 나는 지금도 소를 팔기 전날 소 옆에서 한참이나 등을 어루만지던 아버지 모습이 눈에 선하다.

지금은 들어볼 수 없지만 대학교를 우골탑(牛骨塔)이라고 부른 적이 있다. 시골 사람들이 자식 대학 보내려면 소를 팔아서 등록금을 마련한 것을 풍자적으로 나타낸 말이다. 그럴 듯한 말이지만 이 말은 소가 갖는 이러한 환금성 저축의 의미를 전혀 고려하지 않은 것도 사실이다. 사실 농부들이 피땀 흘려 번 돈을 받아 교육에 투자하지 않은 학교가 있다면 나는 그들을 변호해 주고 싶은 마음은 털끝만큼도 없다. 그러나 이 비아냥에 멍드는 것은 뻔뻔하게 농민들이 소판 돈을 끌어모아 유용하는 대학보다는 시골 출신 대학생들이었다. 나도 또한 이 말을 들을 때마다 자격지심으로 가슴앓이를 했다. 시골 사람들은 자식 대학 보내지 말라는 말인가? 물론 그런 뜻이 아니라는 것은 나도 안다. 그러나 우골탑을 쌓는데 어떻든 적지 않은 기여(?)를 한 시골 출신 대학생들이 그런 말을 들을 때의 심정에 대해서는 생각해 보았을까.

아버지는 당신의 자식들이 시골에서 농사를 짓고 살기를 원하지 않았다. 아버지는 말하였다. "넥타이 메고 사는 사람들 봐라. 다들 목 뒤로 살이 밀리고 배가 안 나왔냐. 그런데 시골 사람들 봐라. 낱낱이 목은 황새 목처럼 가늘고, 배는 등가죽에 붙어 있지", "그게 건강에 더 좋대요" 하였더니 "좋던지 말았던지 그게 그 사람들이 그렇게 되고 싶어서 그런 것이냐 어디? 못 먹고 죽게 일을 하다 보니까 그렇게 된 것이지" 하였다. 옳은 말씀이다.

그렇게 해서 서울에서 학교에 다니는 아들을 두고 아버지는 얼마나 자랑스러웠을까. 아버지는 우리에게 '호랑이보다 더 무서운' 아버지였다. 그러나 돌이켜보면 어렸을 때 말고는 의외로 혼이 난 기억이 별로 없다. 아니 없지 않다. 방학이 되어 집에 오면 어머니는 으레 닭 한 마리를 잡아서 폭 고아가지고 먹으라고 하였다. 나는 그때마다 그것을 안 먹으려 하였다. 그 시절 집안 어른 생신이면 닭 한 마리를 잡아서 국을 끓여 큰집 작은집 식구까지 다 모여 한 끼 식사를 하곤 하였다. 그런데 혼자서 한 마리를 먹다니. 하다하다 안 되면 어머니는 아버지에게 일렀다. 그러면 아버지의 불호령이 떨어졌고, 결국 그 불호령 끝에 그 닭고기를 먹을 수밖에 없었다.

방학이 끝나고 서울에 올라갈 때도 그랬다. 어머니는 이것저것 자꾸 싸주려고 하였지만 우리는 가져가기 귀찮다는 핑계를 대면서 안 가져가려고 하였다. 이번에는 아버지도 야단을 치지 않았다. 옆에서 '그까짓 것 몇 푼 안 되는 것을 뭐 하려고 그렇게 싸느냐'고 하면서도 옆에서 지켜보다가 어머니가 싸는 짐이 시원치 않으면 '비켜 봐' 하고는 당신이 야무지게 묶었다. 서울에 가서 그것을 풀다가 끝내 풀지 못하고 칼로 잘라버린 것이 한두 번이 아니다.

아버지에게 이런 저런 질문을 하면서 나는 아버지의 젊은 시절 여성 편력에 대하여서도 물어보고 싶은 생각이 굴뚝같았다. 그러나 끝내 물을 수가 없었다. 나는 어머니한테서 "내가 수술한 뒤로는 너희 아버지한테 여자 노릇을 한 번도 못했다"는 말씀을 들은 바 있다. 어머니가 수술을 받으신 것은 대략 아버지가 50대 후반 무렵이다. 그러면 그때부터 아버지는 섹스를 전혀 하지 않으셨을까?

아버지는 만년에 외로움을 매우 심하게 탔다. 뿐만 아니라 '홀아비'라는 말을 듣는 것을 매우 싫어하였다. 어머니가 62세를 일기로 돌아가신 때 아버지는 69세였다. 그때 나는 아버지의 재혼은 생각도 못하였다. 그런데 아버지가 하루는 "두원씨가 그러더라, '자네가 참 애매한 상처를 했네. 혼자 살기는 그렇고, 새장가를 가자니 만만치 않고……'" 라고 말씀하셨다. 나는 그 말을 듣고 마음속으로 사장(査丈)을 욕하였다. '노인네, 평생 철이 없이 살더니……' 그러나 그게 아니었다. 세상을 오래 산 지혜에서 나온 말이었다.

어머니가 돌아가고 세월이 얼마나 흐른 뒤인지 잘 모르겠으나 아버지는 경로당에 출입하면서 할머니 한 분을 만났다. 처음 그 소식을 들었을 때 나는 아버지가 연세가 많아지니까 주책을 부린다고 생각하였다. 아버지는 이분 때문에 상처를 받았다. 그분이 아버지를 만난 지 얼마 안 되어 돌아가신 것이다. 그 일이 있고 얼마 안 되어 아버지가 우리집에 오셨다. 아버지가 그분에 대하여 몇 번이나 아쉬워하는 말을 들으면서 나는 처음으로 아버지께 미운 감정을 느끼기도 하였다.

두 번째는 누님이 중매(?)를 하였고, 나도 누님, 형님과 함께 '새어머니' 선을 보러 갔다. 여전히 개운치 않은 감정이 있기는 했지만 누님과 형님의 적극적인 주선에 마냥 반대만 할 수는 없었다. 이분과도 인연이 아니었다. 이제 와서 하는 말이지만 나는 이분과의 일은 잘 안 된 것이 다행이라고 생각한다. 잘 되었다면 아버지는 부인 앞에서 학력 콤플렉스를 느끼면서 살아야 했을 것이다. 학력 차이가 너무 많았던 것이다.

그 다음 분은 역시 아버지가 경로당에서 만났다. 이때까지도 아버지의 재혼에 대하여 나는 별로 긍정적으로 생각하지 않고 있었다. 두 분이 만나고 얼마 안 되어 같이 제주도에도 놀러 왔다. 식탁에서 저녁을 들고 두 분이 소파에 앉아서 TV를 보는 모습을 보고 아내가 혼자 앉아 계시는 것보다 보기가 훨씬 좋다는 말을 하였다. 이 말에 나는 내심 깜짝 놀랐다. 우선 아버지 재혼에 나보다도 더 안 좋게 생각하던 사람이 그런 말을 하는 것에 놀라고, 또 말은 안 했지만 나도 그런 느낌을 받던 참이었기 때문이었다. 그 뒤로 나는 아버지의 재혼에 대하여 긍정적으로 생각하기로 하였다. 그러나 이분은 아버지 가슴에 상처를 남기고 떠나버렸다. 아버지에게 돈을 빌리고는 갚지 않고 도망을 가버린 것이다. 그 이듬해 우리집에 오셨을 때 아버지는 나에게 물었다. 그 여자를 고소하면 어떻겠냐고. 나는 돈이 아깝지만 그만 두라고 말씀드렸다.

마지막 분은 어떻게 만났는지 나는 모른다. 이분과의 사이는 꽤 오래 지속되었던 것 같은데, 이번에는 아버지가 딱지를 놓았다. "너무 무식하더라. 술도 너무 퍼먹고, 욕도 함부로 하고." 이후로는 아버지도 재혼을 포기하셨다. "내 팔자가 그런 모양이야. 명복만 타고 났지, 다른 복은 아무 것도 없어. 그런데 여자 복이라고 있겠냐. 너희 어머니가 참 좋은 여자이기는 했지만 너무 일찍 죽었어. 그것만 생각하면……."

아버지는 만년에 돈 문제로 우리를 질리게 하였다. 자식들이 당신에게 선물을 하나 드려도 얼마 주고 샀는지 묻고, 모처럼 만에 모시고 나갔다가 때가 되어 외식을 하려고 해도 돈 쓰지 말라고 하시면서 집에 가서 먹자고 하셨다. 한번은 마침 아버지가 우리집에 와 계시는 중에 형님과 동생이 제주도에 휴가를 왔다. 아버지는 여행경비에 대하여 꼬치꼬치 물으시더니 동생에게 야단을 치시는 것이었다. "네가 시방 비행기 타고 피서 다닐 형편이냐? 남들 피서 다닌다고 덩달아서 분수에 안 맞는 짓 하지 마라." 민망해서 내가 말하였다. "아버지 모처럼 만에 형제가 아버지를 모시고 모였는데 왜 그러세요", "나도 처음에는 기분이 얼마나 좋았는지. 그런데 제까짓 것이 피서 다닐 형편이냐 말이야." 그것으로 우리의 휴가 분위기는 엉망이 되어버렸다. 아버지는 그야말로 돈에 한이 지신 것이다. 내세가 있다면 아버지가 큰 부잣집에서 태어나셨으면 좋겠다. 진심으로 그렇게 되기를 빈다.